¡HOY ME COMERÉ LA VIDA!

¡HOY ME COMERÉ LA VIDA!

Tania Borg
@borg_91

101 recetas sin gluten,
fáciles y saludables...
¡y olvídate de la dieta!

Grijalbo

Papel certificado por el Forest Stewardship Council®

Primera edición: mayo de 2023

© 2023, Tania Vázquez Borg, por el texto y las fotografías
© 2023, Penguin Random House Grupo Editorial, S.A.U.
Travessera de Gràcia, 47-49. 08021 Barcelona
Penguin Random House Grupo Editorial / David Ayuso, por el diseño de interior

Printed in Spain — Impreso en España

ISBN: 978-84-253-6395-5
Depósito legal: B-5.699-2023

Maquetación: Roser Colomer

Impreso en Índice, S.L.
Barcelona

GR 6 3 9 5 5

*En agradecimiento a todas las personas
que detrás de una pantallita han confiado en mí
y que hoy en día han hecho esto posible.
A mi familia por apoyarme en todas mis decisiones*

Índice

Hola, amores:

Mi nombre es Tania, aunque muchas me conocéis como Borg. Borg es mi segundo apellido y fue el nombre que decidí ponerme en Instagram: @borg_91. Y ese 91 es porque nací en 1991.

Me preguntáis a menudo cómo empezó todo y si siempre me ha gustado cocinar y comer sano. ¡Ah, y que de dónde me vienen tantas ideas! Pues os cuento.

Hace aproximadamente cinco años comencé a compartir mis recetas en Instagram. Yo tenía mis trabajos —digo «mis», en plural, porque por aquel entonces tenía tres trabajos a la vez: trabajaba en un restaurante sueco, de niñera, y los fines de semana vendía en los mercadillos de segunda mano—. Pero, al mismo tiempo, siempre que podía me escapaba hasta la cocina para inventar nuevos platos. Y eso se convirtió en mi tercer trabajo.

Soy celiaca de nacimiento, si bien hasta los dieciséis años no me lo detectaron. Siempre andaba de un hospital a otro, cada día estaba más delgada y padecía un acné tan severo que me hizo sufrir mucho en los colegios (recibí muchos insultos y me hicieron bullying por tener tantos granitos). Me ingresaron por primera vez con tres añitos y desde ese momento los ingresos se fueron repitiendo una o incluso dos veces al mes. Desgraciadamente, en esos momentos no se sabía demasiado sobre la celiaquía y los médicos nunca acertaron el diagnóstico justo, por lo que yo seguía recayendo, hasta que a los dieciséis años me hicieron una prueba (una gastroscopia) que consiste en introducir un tubo con una cámara en el estómago. Ahí fue cuando se dieron cuenta de que mis vellosidades intestinales habían desaparecido por completo y que las paredes presentaban múltiples heridas. Desde ese mismo día dejé de lado el gluten y en pocos meses recuperé el estado normal del cuerpo, la energía y una piel completamente lisa.

A los veintidós años empecé a trabajar en la cocina de un restaurante. Al cabo de poco, me dieron la posibilidad de preparar los postres del día según mi propio criterio. Fue entonces cuando me di cuenta de que amaba cocinar y que a la gente le encantaban mis recetas.

Así que decidí poner mi Instagram abierto y hacer en casa cualquier receta que se me antojaba en versión sin gluten y más saludable. Sacaba una foto y la subía a mi perfil, así, sin más, hasta que un buen día recibí el mensaje de una chica que me pidió la receta de una creación mía. Recuerdo que era un pan con copos de avena sin gluten, agua y claras… que llamé ¡«tortipán»!

A partir de entonces empecé a compartir todas mis recetas (todas todas), y llegó un momento en que, directamente, me comía la comida fría porque perdía la noción del tiempo haciendo fotos de los platos para luego subirlas a Instagram. Jaly, mi pareja, se enfadaba –la verdad es que no me ayudó demasiado al principio, sin embargo, ahora es mi mayor aliado y mi máximo apoyo–. Pero es que entonces él no entendía que yo realmente disfrutaba y que, aunque no me generara ningún tipo de ingreso, era feliz haciendo lo que hacía. En aquella época también me llegaban comentarios de instagrammers y youtubers conocidas que se burlaban de mí; decían que si me creía una influencer creando contenido con apenas mil seguidores…

Y ¿sabéis qué? Yo seguí. No me importó que no me apoyaran en mis inicios. Yo sí creía en lo que hacía, y eso es lo más importante: hacer las cosas porque confías en ti.

No te rindas nunca, no hay ningún secreto ni ninguna magia. tú ponle actitud y lo lograrás.

Y ahora, por fin, puedo decir que sí, que hoy día soy creadora y editora de mi propio contenido en redes sociales. He conseguido mi sueño y puedo vivir de lo que realmente me gusta. Es decir, he logrado aquello de «hacer de mi pasión mi profesión».

En paralelo, a lo largo de mi vida laboral, he desempeñado otros trabajos. Por ejemplo, mi último empleo fue en una tienda de nutrición en la que estuve dos años. Allí aprendí mucho sobre suplementación. Uno de mis suplementos favoritos es la proteína, que uso mucho en mis recetas, porque les da textura, sabor y un alto porcentaje proteico (algo muy importante en nuestro día a día). Pero, como comentaba antes, también he sido niñera, dependienta de zapatería, vendedora ambulante, masajista, cocinera…, y soy titulada en peluquería y estética.

Y respecto a de dónde me vienen las ideas, ¡pues la verdad es que me surgen solas! Me gusta comer diferente, no soporto repetir dos días seguidos el mismo plato. Aunque use los mismos ingredientes, los mezclo de distinta forma y hago otra preparación completamente original.

Otra pregunta que me hacéis a menudo es cuándo pude dedicarme por completo a las redes sociales. Pues fue cuando entramos en el confinamiento y nos encerraron en casa. Ahí mi chico y yo nos quedamos sin trabajo y decidimos darles mucha caña a las redes sociales, sobre todo a YouTube e Instagram. Subíamos contenido a todas horas, entrenábamos en casa compartiendo las rutinas en directo, cocinábamos también en directo y, poco a poco, día tras día, empezó a subir el número de seguidores.

Al cabo de poco, varias marcas, que yo ya consumía y que sigo consumiendo en la actualidad, contactaron conmigo y me ofrecieron contratos de trabajo. Desde entonces soy autónoma y me dedico a crear contenido con todo mi corazón y sin dejar de ser la misma de siempre: SENCILLA Y NATURAL.

¡Y ahora aquí estoy, escribiendo un libro de recetas con muchísima ilusión, y ojalá que sea el primero de muchos! Pero no puedo empezar este libro sin antes daros las gracias a vosotras, que me estáis leyendo y que confiáis en mí y en mi trabajo. La verdad es que, si no hubiera sido por vosotras, no habría llegado donde estoy ahora.

El cariño que recibo de mis seguidores es el motor que me mueve para continuar creando contenido

Endulza tu día

Donettes® sin harina

He querido inaugurar la primera receta con esta MARAVILLA. ¿Qué te parece la textura? ¡Dime que no es idéntica a la de los originales! Esas tardes de infancia con el paquete de Donettes® y un zumo o un batido… ¿Alguien más por aquí?
Cómete tres de estos y una pieza de fruta, ¡y será una merienda IDEAL!
Tienes que hacerlos en casa y te aseguro que nadie se dará cuenta de que el ingrediente principal son ¡garbanzos cocidos! Sí, sí, has leído bien: ¡GARBANZOS!

✂ 17 unidades

⏱ 20 min

Ingredientes

150 g de garbanzos cocidos

80 g de claras de huevo

30 g de eritritol

15 g de nueces

10 g de levadura en polvo blanca de hornear repostería

10 g de leche

15 g de proteína o 30 g de leche en polvo

5 g de aceite de oliva

esencia de vainilla o saborizante al gusto

5 g cacao puro (opcional, para la mitad de los Donettes®)

100 g de chocolate con leche sin azúcar (para bañar los Donettes®)

Elaboración

1. Precalienta el horno a 180 °C con calor arriba y abajo y con ventilador.
2. La preparación es tan fácil como mezclar todos los ingredientes.
3. Opcionalmente, a la mitad de la mezcla puedes agregar los 5 g de cacao puro. Yo, por ejemplo, para hacer la foto, hice que los que estaban bañados en chocolate blanco fueran de chocolate por dentro.
4. A continuación, engrasa el molde con un poco de aceite para que no se pegue y vierte la mezcla.
5. Hornea durante unos 10 minutos y deja enfriar antes de desmoldar.
6. Derrite tu chocolate favorito al baño maría o al microondas y baña los Donettes®.
7. Enfría en la nevera y, por último, ¡no te olvides de disfrutarlos!

Consejos

Puedes utilizar garbanzos de bote. Eso sí, escúrrelos y enjuágalos muy bien.

En vez de claras de huevo, puedes usar un huevo y medio.

El eritritol es un edulcorante natural y sin kilocalorías. Es mi favorito y verás que lo utilizo en muchas de mis recetas, ya que es el más parecido al azúcar, pero puedes sustituirlo por otro edulcorante. Ten cuidado, entonces, porque las medidas pueden variar.

Si no tienes nueces, utiliza almendra molida o el fruto seco que más te guste.

Yo he empleado leche semidesnatada sin lactosa, pero no dudes en usar la que tú prefieras.

Para hacer esta receta he utilizado un molde de Donettes®, pero, si no tienes, usa el que tú prefieras.

A la hora de derretir el chocolate en el microondas, yo siempre le añado una cucharadita de aceite de coco para que la consistencia quede mejor y lo fundo a intervalos de 20 segundos para que no se queme.

MACROS POR DONETTE			
Valor energético: 55,2 kcal	Grasas: 3,6 g	Carbohidratos: 2,2 g	Proteínas: 2,5 g

Tortitas de arándanos

¿Tienes una merienda con amigas en casa? Un té calentito y una buena tanda de tortitas de arándanos que se preparan superrápido... ¡y a pasar una magnífica tarde!

 6 unidades

 10 min

Ingredientes

2 huevos

100 g de claras de huevo

50 g de leche

80 g de harina de avena
   sin gluten o la que uses

2 g de polvos de hornear
   (levadura)

edulcorante al gusto

esencia de vainilla al gusto

un puñado de arándanos
   (30 aprox.)

Elaboración

1. En una batidora, procesa todos los ingredientes, excepto los arándanos.
2. Parte los arándanos por la mitad.
3. Engrasa una sartén antiadherente con un poquito de aceite de coco o con el aceite que uses habitualmente. Vierte un poco de mezcla y agrega unos arándanos.
4. A fuego medio, tapa la sartén y espera 1 minuto aproximadamente. Luego dale la vuelta a la tortita y cocina unos segundos más.
5. Repite los dos últimos pasos hasta terminar toda la masa.

Consejos

Para hacer esta receta, yo he usado leche desnatada, pero puedes utilizar la que quieras.

Opcionalmente, puedes coger un puñado de arándanos y calentarlos unos segundos al microondas o cocerlos en una olla para luego echarlos por encima de las tortitas a modo de sirope.

MACROS POR TODAS LAS TORTITAS			
Valor energético: 593 kcal	Grasas: 15,8 g	Carbohidratos: 72,6 g	Proteínas: 36,2 g

Brownie sin huevo

Me pedíais mucho un brownie con helado, y este es ideal. Cada vez que quieras un trozo, solo tendrás que calentarlo y podrás disfrutar de él con una textura esponjosa y chocolatosa; no se queda seco para nada. No lleva huevo ni levadura y tampoco necesitas horno. ¿Te animas a prepararlo?

 6 raciones

 15 min brownie
5 min helado

Ingredientes para el brownie

120 g de harina de avena sin gluten
60 g de harina de almendra
60 g de cacao en polvo
360 g de leche
100 g de chocolate sin azúcar
5 g de aceite de coco
edulcorante al gusto

Ingredientes para el helado

100 g de plátano congelado
3 g de semillas de chía

Elaboración

1. Integra las harinas con el cacao. Agrega la leche y mezcla bien con un tenedor hasta que quede uniforme.
2. Derrite el chocolate con el aceite de coco en el microondas e incorpóralo a la mezcla anterior.
3. Viértela en el molde previamente engrasado y calienta en el microondas durante 7 u 8 minutos.
4. Ahora prepara el helado. Simplemente, bate el plátano con las semillas de chía. Y una vez que esté listo, sírvelo encima del brownie.
5. Y, si te gusta el contraste de frío-caliente, a comer directamente. ¡Disfrutarás de lo lindo!

Consejos

Puedes añadir sirope de chocolate como topping: mezcla 3 g de cacao con un pelín de agua y edulcorante.

MACROS POR BROWNIE			
Valor energético: 1.730 kcal	Grasas: 101,8 g	Carbohidratos: 127,8 g	Proteínas: 65,4 g

MACROS POR HELADO			
Valor energético: 104 kcal	Grasas: 1,2 g	Carbohidratos: 24,1 g	Proteínas: 1,5 g

Bizcochos tarta de Santiago

De todas las recetas que hice para el libro, Jaly dice que, si sus padres tuvieran que quedarse solo con una…, ¡se quedaban con esta! Y dirás: «Pero ¡si es un simple bizcocho normal y corriente…!». A lo que yo te respondo: «Prepáralo y entonces te darás cuenta de por qué es su favorita». Sabe igual que la tarta de Santiago, pero tiene la textura esponjosa y suave de un bizcochito de toda la vida.

 bizcochos
(de 6 raciones cada uno)

 25 min

Ingredientes

2 huevos

80 g de harina de almendra

8 g de polvos de hornear
(levadura)

45 g de eritritol

10 g de zumo de limón

2 g de piel de limón

10 gotas de esencia
de almendra

200 g de claras de huevo

Elaboración

1. Precalienta el horno a 180 °C con ventilador.
2. Mezcla todos los ingredientes, menos las claras de huevo con la batidora hasta que no queden grumos. Reserva.
3. Monta las claras a punto de nieve.
4. Agrega la mezcla anterior a las claras y, con una espátula, intégralo todo despacio y con movimientos envolventes para que no bajen, hasta que quede una masa uniforme.
5. Engrasa con aceite de coco o de oliva los moldes de 15 cm de diámetro. Vierte la mitad de la mezcla en cada molde.
6. Hornea durante 20 minutos. Deja enfriar, desmolda y a gozar.

Consejos

Si los moldes no son de silicona, antes de engrasar con aceite, fórralos con papel de hornear.

También puedes usar un solo molde más grande.

Una vez listos, puedes espolvorear eritritol convertido en azúcar glas por encima.

MACROS POR LOS 2 BIZCOCHOS	
Valor energético: 705 kcal	Grasas: 49,6 g
Carbohidratos: 20,3 g	Proteínas: 51,2 g

Tartaletas de frutas

¿Eres de las que se paran a mirar los escaparates de las pastelerías? ¿Y no te llaman siempre la atención esas minitartaletas de frutas con base de galletita y crema pastelera? Estoy segura de que, si no tenías ganas de una, ahora ya te han entrado, y cuando veas lo fáciles que son de hacer, ¡no podrás resistirte a prepararlas!

 3 unidades

 20 min

Ingredientes

55 g de harina de avena sin gluten

15 g de mantequilla a temperatura ambiente

30 g de yogur natural 0 % de azúcar y grasa

canela al gusto

edulcorante o saborizante al gusto

2 cucharadas de crema pastelera (ver receta pág. 160)

frutas al gusto

Elaboración

1. Precalienta el horno a 180 °C.
2. Para preparar la crema pastelera, ve a la receta de la página 158. Con la mitad de las cantidades, será suficiente. Reserva.
3. En un bol, mezcla la harina de avena con la mantequilla, el yogur y la canela. A continuación, añade el edulcorante o saborizante que uses.
4. Reparte la masa en los tres moldes y agrega la crema pastelera y la fruta que más te guste.
5. Hornea durante 6 minutos con calor arriba y abajo, y luego otros 6 minutos con calor solo abajo.
6. Deja que se enfríen antes de meterlas en la nevera. Una vez refrigeradas te será muy fácil desmoldarlas.

Consejos

Para hacer esta receta, yo usé saborizante de galleta, que compro en internet, sin azúcar y sin gluten.

MACROS POR TARTALETA			
Valor energético: 202,66 kcal	Grasas: 7,2 g	Carbohidratos: 25,3 g	Proteínas: 7,67 g

Falso arroz con leche hecho de avena

¡Me gusta tantísimo el arroz con leche que lo comería a todas horas! Esta receta está hecha con avena en vez de con arroz, pero tiene una textura muy similar y el sabor te sorprenderá. Suelo prepararla la noche anterior y la dejo en la nevera para poder tomármela para desayunar bien fresquita. ¿Y lo mejor de todo? ¡Es supersaciante!

 1 ración

 10 min

Ingredientes

120 g de leche desnatada
   o la que uses

5 g de piel de limón

35 g de copos de avena
   sin gluten

120 g de claras de huevo
   (4 claras aprox.)

edulcorante al gusto

canela al gusto

Elaboración

1. Bate con la batidora la leche con la piel del limón para que el sabor sea más intenso.
2. En un recipiente apto para microondas, pon la leche que has batido previamente con la piel de limón y también los copos de avena.
3. Mezcla bien con una cuchara e introduce en el microondas durante 1 minuto a máxima potencia.
4. Retira y agrega las claras. Mezcla de nuevo, pon el edulcorante y vuelve a calentar 1 minuto en el microondas a máxima potencia.
5. Saca, remueve muy bien y añade un toque de canela por encima.
6. Deja enfriar 10 horas en la nevera. La avena con leche está muy rica fresquita pero también puedes comértela calentita.

MACROS POR BOL			
Valor energético: 236 kcal	Grasas: 3 g	Carbohidratos: 28 g	Proteínas: 22 g

Marmolado de plátano

¡Cómetelo a cualquier hora del día! A Jaly y a mí nos gusta comer un trocito después de cenar. ¿Verdad que siempre apetece algo dulce tras la cena? ¿No te pasa?

Si lo preparas, no le digas a nadie de qué está hecho, ¡a ver si son capaces de adivinar los ingredientes! Te vas a reír un montón.

✂ 1 unidad

⏱ 25 min

Ingredientes

250 g de garbanzos cocidos

1 huevo

180 g de claras de huevo

6 g de aceite de oliva

50 g de plátano

30 g de leche en polvo

15 g de almendra molida
    o harina de coco

saborizante de caramelo
    0 % libre de azúcar o esencia
    de vainilla (al gusto)

10 g de cacao en polvo
    desgrasado

Elaboración

1. Precalienta el horno a 180 °C con calor arriba y abajo y con ventilador.
2. Enjuaga bien los garbanzos en abundante agua y escúrrelos con un colador.
3. Excepto el cacao, pon todos los ingredientes en el vaso de la batidora y tritura hasta que no queden grumos.
4. Engrasa el molde con aceite de coco o el que suelas usar y vierte en él la mitad de la preparación.
5. En la otra mitad, agrega el cacao y tritura de nuevo.
6. Añade a pegotes la mezcla con cacao en el molde y, con un palillo, tocando el fondo, ve haciendo movimientos como si fueran olas hasta que quede un dibujo.
7. Hornea durante 20 minutos. Deja enfriar.
8. Córtalo en 5 a lo largo y 5 a lo ancho; en total, 25 pequeñas porciones de marmolado para disfrutarlas cuando más te apetezca.

MACROS POR BIZCOCHO			
Valor energético: 716 kcal	Grasas: 21,2 g	Carbohidratos: 67,7 g	Proteínas: 55,3 g

Rollitos de brazo de gitano de coco

Esta es la receta favorita de Jaly. Durante mucho tiempo estuvo pidiéndome que hiciera una versión de los rollitos de brazo de gitano, y cuando se la hice, ¡creo que volvió a enamorarse de mí! Si también adoras el coco, tienes que hacerlos: son superjugosos y su ingrediente principal es el calabacín. ¡Nadie se lo va a creer cuando lo pruebe!

✂ 6 unidades

⏱ 20 min

Ingredientes

120 g de calabacín

unas gotas de edulcorante líquido o saborizante al gusto

1 huevo entero

30 g de harina de avena en polvo

6 g de polvos de hornear (levadura)

120 g de claras de huevo

crema pastelera (ver receta pág. 160 –hacer la mitad de las cantidades–) + 30 g de coco rallado

Elaboración

1. Precalienta el horno a 180 °C con calor arriba y abajo, y ventilador.
2. Lava y pela el calabacín crudo, y tritúralo junto con el saborizante y el huevo. Reserva.
3. Mezcla la harina con los polvos de hornear y reserva.
4. Monta las claras a punto de nieve y, con un colador, tamiza la harina y la levadura reservadas e intégralo todo muy bien.
5. A continuación, agrega el puré de calabacín poco a poco, con movimientos envolventes para que no bajen las claras.
6. En una bandeja de horno con papel vegetal y un chorrito de aceite –yo usé de coco– para que no se pegue, vierte la preparación. Hornea unos 6 minutos.
7. Saca del horno, parte el bizcocho en dos y enróllalo sobre sí mismo. Deja enfriar fuera de la nevera. Cuando esté frío, rellénalo de crema pastelera, a la que habrás añadido antes el coco rallado. Vuelve a enrollar y deja en la nevera para que se enfríe.
8. Por último, corta en rollitos pequeños y, antes de servir, ponlos sobre unos papelitos para pasteles.

Consejos

Si quieres, decora los rollitos con mermelada de melocotón 0 % de azúcar y un toque de coco rallado y canela.

MACROS POR ROLLITO	
Valor energético: 131 kcal	Grasas: 6,42 g
Carbohidratos: 10,39 g	Proteínas: 6,97 g

Phoskitos®

¿Quién no se ha comido de pequeño un pastelito de estos? Recubiertos de chocolate y con ese relleno de bizcochito y nata… Mmm. Estoy escribiendo esto mientras me termino uno, ¡y creo que voy a coger otro!

✂ 12 unidades

⏱ 2 h + 30 min

Ingredientes para la masa

200 g de claras de huevo
30 g de harina de avena
    sin gluten
5 g de polvos de hornear
    (levadura)
edulcorante al gusto

Ingredientes para el relleno

150 g de queso crema tipo
    Philadelphia®
2 requesones light
esencia de vainilla al gusto
edulcorante al gusto

Ingredientes para la cobertura

150 g de chocolate
10 g de aceite de coco

MACROS POR 12 PHOSKITOS®	
Valor energético: 1.300 kcal	Grasas: 80,6 g
Carbohidratos: 109,2 g	Proteínas: 52,4 g

Elaboración

1. Primero prepara la masa y mientras tanto precalienta el horno a 180 °C con ventilador.
2. Monta con unas varillas las claras de huevo.
3. Con un colador, tamiza la harina y la levadura encima de las claras ya montadas, agrega el edulcorante y remueve con movimientos envolventes para que no bajen las claras.
4. Directamente sobre la bandeja de horno forrada con papel vegetal (engrasado con aceite de coco o el que uses), vierte la masa y espárcela formando un cuadrado. Tienes que hacerlo rápidamente, sin que queden huecos y dejando un dedo o dedo y medio de grosor.
5. Hornea 5 minutos. Saca y deja enfriar.
6. Ahora prepara el relleno: bate con una batidora todos los ingredientes y reserva en el congelador unos 15 minutos para que espese un poco.
7. Transcurrido este tiempo, reparte el relleno encima de la masa horneada y enróllala con cuidado: envuélvela con film transparente y déjala en el congelador durante 2 horas aproximadamente.
8. Para hacer la cobertura, funde el chocolate con el aceite al baño maría o al microondas. Si lo derrites en el microondas, para que no se queme, recuerda hacerlo a intervalos cortos de tiempo, de 20 o 30 segundos.
9. Saca la masa rellena del congelador, córtala en 10-12 trozos y báñalos en chocolate.
10. Guárdalos en la nevera y, cada vez que quieras uno, ¡cógelo y disfrútalo!

Pantera Rosa®

La boca se me acaba de hacer agua solo con recordar ese bizcochito suave y rosa, relleno de crema blanca que comíamos de pequeños. ¡Dale una oportunidad a esta versión casera e infinitamente más saludable!

 4 unidades

 20 min

Ingredientes para la masa

2 huevos

25 g de queso crema tipo
    Philadelphia® light

20 g de harina de avena
    sin gluten

20 g de harina de almendra

3 g de polvos de hornear
    (levadura)

4 g de esencia de vainilla líquida

6 gotas de edulcorante
    (el que suelas usar)

Ingredientes para el relleno

20 g de chocolate blanco
    sin azúcar

2 g de aceite de coco

30 g de queso crema tipo
    Philadelphia® light

Ingredientes para la cobertura

60 g de chocolate blanco

3 g de aceite de coco

4 gotas de colorante rosa

Elaboración

1. Con unas varillas, mezcla los ingredientes de la masa y viértela en los moldes de 10 cm de largo por 5 cm de ancho (puedes usar moldes de dónuts si no tienes de los otros).
2. Introduce en el microondas y cocina durante 3 minutos.
3. Deja enfriar los bizcochitos, desmolda y, con cuidado, ve quitándoles un poquito de la parte de abajo para luego poder rellenarlos.
4. Para hacer el relleno, derrite el chocolate con el aceite en el microondas a intervalos cortos de 20 o 30 segundos para que no se queme. Añade el queso crema y rellena los bizcochitos. Pon de tapa parte de lo que quitaste al vaciarlos.
5. Ahora, prepara la cobertura: funde el chocolate con el aceite y, una vez derretido, agrega el colorante.
6. Por último, baña los bizcochitos y déjalos enfriar en la nevera.

Consejos

A la hora de cocer la masa en el microondas, yo lo hago a intervalos de 1 minuto para vigilar, ya que el tiempo depende al final de la potencia de cada microondas.

MACROS POR PANTERA ROSA			
Valor energético: 208,2 kcal	Grasas: 14 g	Carbohidratos: 16,5 g	Proteínas: 7 g

Cañas de chocolate

¿Te acuerdas de esas cañas de chocolate de la pastelería que no podías evitar comprar porque se olían desde la otra punta de la calle? Pues vas a prepararlas en casa y en menos de 10 minutos para que puedas comerlas recién hechas. ¿Qué me dices?

 2 unidades

⏱ 6 min

Ingredientes

60 g de harina mix sin gluten
3 g de polvos de hornear (levadura)
1 huevo
esencia de vainilla al gusto
edulcorante al gusto
20 g de chocolate

Elaboración

1. Mezcla en un procesador de alimentos todos los ingredientes, excepto el chocolate.
2. Una vez que tengas lista la masa, divídela en dos. Pon cada mitad sobre un papel vegetal y, encima, pon otro para poder amasar bien con el rodillo y que no se te pegue.
3. Finalmente, añade 10 g de chocolate dentro de cada parte de la masa y cierra.
4. Cocina en la freidora de aire o en el horno precalentado a 200 °C con calor arriba y abajo durante unos 3 minutos.
5. Decora con más chocolate ¡y a disfrutar, que están recién hechas!

Consejos

Si no tienes harina mix sin gluten, puedes usar harina normal.

MACROS POR CAÑA			
Valor energético: 257 kcal	Grasas: 11,9 g	Carbohidratos: 28,9 g	Proteínas: 6,3 g

Palmeras Kinder bueno®

¡Has llegado a mi receta favorita! Si tuviera que elegir una entre todas las que aparecen en este libro, esta es la que escogería sin dudarlo.
Las palmeras se suelen hacer con masa de hojaldre, pero la masa de hojaldre sin gluten es difícil de conseguir. Como siempre, he versionado la receta y, con apenas tres ingredientes, tendrás la masa de estas palmeritas sin huevo.

 2 unidades

 20 min

Ingredientes para la masa

85 g de manzana

10 g de mantequilla

100 g de harina de avena
   sin gluten

esencia de vainilla al gusto

edulcorante líquido al gusto

Ingredientes para la cobertura de chocolate tipo Kinder®

50 g de chocolate blanco
   sin azúcar

5 g de aceite de coco

10 g de crema de avellana

Ingredientes para decorar

5 g de chocolate con leche
   sin azúcar

MACROS POR PALMERA	
Valor energético: 415 kcal	Grasas: 21,2 g
Carbohidratos: 51 g	Proteínas: 7,6 g

Elaboración

1. Empieza precalentando el horno a 180 °C y preparando la masa.
2. Tritura la manzana con la mantequilla previamente derretida hasta que se forme una crema.
3. Agrega la harina de avena y unas gotitas de esencia de vainilla y edulcorante al gusto.
4. Divide la masa en dos y forma un rollito con cada una de las partes. A continuación, haz una palmera con cada rollito, tal como hago yo en las imágenes.
5. Hornea 12-15 minutos. Deja enfriar.
6. Ahora prepara la cobertura: derrite el chocolate blanco con el aceite en el microondas a intervalos de 20 segundos para que no se queme y luego incorpora la crema de avellana.
7. Baña las palmeritas con el chocolate tipo Kinder® y, por último, funde el chocolate con leche y decóralas por encima haciendo rayas con una cucharita.
8. Introdúcelas en la nevera y, cuando el chocolate se haya endurecido, ¡ha llegado el momento de comerlas!

Consejos

Para hacer esta receta, yo he usado una manzana roja pequeña porque es más dulce. Y no la he pelado.

Si no tienes crema de avellanas, puedes tostar unas avellanas y triturarlas hasta conseguir la crema.

Helado de frutas

Ya sea verano o invierno, este helado es una de mis meriendas favoritas. No lleva nata, se prepara en 5 minutos y puedes usar las frutas que más te gusten.

✂ 1 helado

⏱ 5 min

Ingredientes

200 g de fruta congelada

60 g de queso de Burgos
   0 % de grasa o queso crema
   tipo Philadelphia® light

edulcorante al gusto

Elaboración

1. Pon la fruta congelada en un recipiente, agrega agua hasta cubrirla, espera unos segundos y luego retira el agua.
2. Añade el queso y el edulcorante.
3. Tritúralo todo ¡y disfruta!

Consejos

El primer paso de la elaboración sirve para que no se rompan las cuchillas de la batidora si la fruta está demasiado dura.

Para hacer esta receta, yo he utilizado fresas, frambuesas y arándanos.

Si quieres que te quede una textura más consistente, introduce el helado 1 hora en el congelador antes de servirlo.

Puedes poner algún topping si lo deseas. Yo he puesto trocitos de galleta.

MACROS POR HELADO			
Valor energético: 138 kcal	Grasas: 1,3 g	Carbohidratos: 17,6 g	Proteínas: 9,6 g

Vasitos de tiramisú

¡Sé que este tipo de recetas os gustan mucho! Son de esas que no tardas nada en hacerlas y tienen el sabor de toda la vida. Y es que ¿a quién no le gusta de postre un tiramisú con su saborcito a café? Mmm… Pero por si a alguien no le gusta, puedes sustituir el café por cacao.

 2 unidades

 10 min

Ingredientes para el bizcochito

1 huevo + 1 clara de huevo

30 g de leche desnatada
    sin lactosa

30 g de harina de avena sin gluten

4 g de polvos de hornear
    (levadura)

edulcorante al gusto

Ingredientes para el café

1 café solo

agua

edulcorante líquido al gusto

Ingredientes para la crema de queso

200 g de queso fresco
    0 % de azúcares y grasas
    o yogur natural

edulcorante líquido al gusto

vainilla al gusto

Ingredientes para el toque final

cacao en polvo desgrasado
    y canela al gusto

Elaboración

1. Prepara primero la masa de bizcocho. Para ello, con unas varillas, mezcla en un bol el huevo, la clara, la leche, la harina de avena y la levadura, y agrega edulcorante al gusto (yo usé 10 gotas con sabor a vainilla).

2. Una vez mezclada y sin grumos, reparte la masa entre los dos vasitos que usarás para montar el tiramisú y, primero uno y luego el otro, mételos en el microondas durante 80 segundos a 900 W.

3. Saca el bizcocho del vaso y corta cada mitad en cuatro rebanadas.

4. En un bol, pon el café enriquecido y, en otro, el queso fresco mezclado con el edulcorante y la vainilla.

5. Ve mojando las rebanadas del bizcocho en el café y las vas poniendo en el vaso. Agrega por encima una capa de la crema de queso que has preparado. Antes de la siguiente capa, puedes añadir un toque de cacao y canela tamizados con un colador. Repite varias veces la misma acción —otra capa de bizcochito mojado en el café más otra del queso— y así hasta arriba.

Consejos

Opcionalmente, puedes añadir un chorrito de ron al café.

MACROS POR TIRAMISÚ			
Valor energético: 150 kcal	Grasas: 3,5 g	Carbohidratos: 16,1 g	Proteínas: 15 g

Tarta de queso Raffaello®

¡Feliz Navidad, amores! Madre mía, en estas fechas, ¡cómo se antojan los bombones! A mí, en especial, ¡me vuelven loca los Raffaello®! Esos que van rellenos de chocolate blanco y coco, que son tan tan cremosos y que se deshacen en la boca… Mmm. Hice la versión GIGANTE en tarta de queso y… No voy a decir más, solo que tienes que preparar este postre sí o sí.

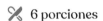 6 porciones

 50 min

Ingredientes para la masa

500 g de queso crema tipo
    Philadelphia® light

3 huevos

70 g de eritritol

30 g de coco rallado

15 g de harina de coco

saborizante de coco
    o endulzante líquido al gusto

Ingredientes para la cobertura

50 g de chocolate blanco sin
    azúcar

5 g aceite de coco

10 g de mascarpone o queso
    crema tipo Philadelphia®

coco rallado

Elaboración

1. Precalienta el horno a 180 °C con ventilador.
2. Mezcla todos los ingredientes de la masa con la batidora hasta que no queden grumos. Echa la masa en un molde de 15 cm de diámetro y hornéala a 180 °C durante 40 minutos.
3. Deja enfriar 24 horas en la nevera.
4. Antes de servir, y para la cobertura, funde el chocolate blanco con el aceite. Una vez derretido, agrega el queso crema. Mezcla bien, baña la tarta con el chocolate y esparce unas virutas de coco rallado por encima.

Consejos

Si no tienes harina de coco, puedes usar de almendra.

Si no tienes saborizante de coco, pon un poquito de esencia de vainilla.

MACROS POR PORCIÓN			
Valor energético: 242,5 kcal	Grasas: 16,3 g	Carbohidratos: 11,7 g	Proteínas: 12,7 g

Gofres veganos de dos ingredientes

En mi pueblo, hay un supermercado extranjero en el que venden unas galletas blanditas en forma de gofres que están BRUTALES, pero tienen mil ingredientes y ni uno saludable. ¿Qué hago? Pues inventar en la cocina esta versión de locura con solo dos ingredientes.

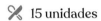 15 unidades

 20 min

Ingredientes

100 g de harina de avena
    sin gluten con sabor
    a vainilla
260 g de manzana roja

Elaboración

1. Pon en el vaso de la batidora la harina y la manzana troceada sin pelar y tritura.
2. Calienta la gofrera con un pelín de aceite o mantequilla y pon un poquito de mezcla justo en medio. Cierra y espera hasta que esté bien doradita.
3. Retira y repite el mismo proceso hasta terminar con la masa.

Consejos

Si no tienes harina de avena con sabor a vainilla, puedes usar un poco de edulcorante al gusto y esencia de vainilla.

MACROS POR GOFRE			
Valor energético: 32,3 kcal	Grasas: 0,3 g	Carbohidratos: 6,1 g	Proteínas: 0,8 g

Bizcocho de limón

Ir a ver a tu abuela, que toda la casa oliera a bizcocho recién hecho y que con su mayor sonrisa te dijera: «Siéntate, que vamos a merendar juntas»… ¡Todo esto te va a evocar esta receta!
Y sí, como veis en la foto, ¡la miga es BRUTAL!

 10 porciones grandes

🕐 25 min

Ingredientes

3 huevos XL

piel de 1 limón

120 g de yogur natural o con
    sabor a limón 0 % de azúcares
    y grasas

1 cucharada de esencia
    de vainilla

15 g de aceite de oliva

100 g de harina de avena
    sin gluten

10 g de levadura en polvo
    blanca

50 g de eritritol

Elaboración

1. Precalienta el horno a 180 °C con calor arriba y abajo y con ventilador.
2. Coge los tres huevos y separa las claras de las yemas. Monta las claras al punto de nieve. Reserva.
3. Mezcla las yemas con la piel de limón rallada. Agrega el yogur, la esencia de vainilla y el aceite.
4. En un bol aparte, pon la harina y la levadura.
5. Ahora, incorpora la preparación de las yemas a las claras y remueve con una espátula despacio y con movimientos envolventes para que las claras no bajen.
6. Con un colador, tamiza la harina y la levadura y, poco a poco, ve incorporándolas también a la mezcla anterior despacio y con movimientos envolventes.
7. Hornea unos 20 minutos. Deja enfriar.
8. Para decorar, puedes pulverizar en una batidora eritritol, que así se transforma en una especie de azúcar glas sin azúcar, y espolvorearlo por encima del bizcocho.

Consejos

De la piel del limón, solo debes utilizar la parte amarilla. Si coges la parte blanca te va a amargar el bizcocho.

MACROS POR PORCIÓN	
Valor energético: 85 kcal	Grasas: 3,6 g
Carbohidratos: 7,2 g	Proteínas: 4,8 g

Budín de zanahoria

Vas con una amiga a esa cafetería y veis en la vitrina un superbizcocho de zanahoria y no podéis resistiros a pedir un trozo para acompañarlo con una buena taza de té calentita… ¿A que sí? Pues cuando prepares este budín de zanahoria, ya puedes ir llamándola para que venga a merendar a casa. ¡La sorprenderás seguro!

 1 unidad

🕐 50 min

Ingredientes

150 g de naranjas

100 g de zanahorias

2 huevos

55 g de almendra molida

55 g de harina de avena
  sin gluten

55 g de eritritol

10 g de levadura blanca
  en polvo

4 g de psyllium

esencia de vainilla al gusto

canela al gusto

15 g de pasas (opcional)

15 g de nueces (opcional)

Ingredientes para la cobertura

50 g de queso crema casero
  tipo Philadelphia® (ver receta
  pág. 191)

30 g de eritritol

Elaboración

1. Precalienta el horno a 180 °C con calor arriba y abajo y con ventilador.
2. Pela y trocea las naranjas y las zanahorias y mézclalas con los huevos.
3. Añade la almendra molida, la harina de avena y el edulcorante.
4. Seguidamente, agrega la levadura, el psyllium, la esencia de vainilla y la canela.
5. Pon toda la preparación en una batidora y mezcla hasta que no quede ningún grumo.
6. Viértela en un molde previamente engrasado. Ahora es cuando opcionalmente puedes añadir las pasas y las nueces troceadas.
7. Hornea unos 40 minutos. Pincha con un palillo el centro del bizcocho y, si sale seco, es que ya está listo. Déjalo enfriar.
8. Para preparar la cobertura, mezcla el queso crema con el eritritol a modo de azúcar glas y espárcelo por encima del bizcocho.

Consejos

Si no tienes psyllium, añade 20 g más de almendra molida.

MACROS POR BUDÍN ENTERO			
Valor energético: 871 kcal	Grasas: 45,3 g	Carbohidratos: 63,16 g	Proteínas: 41,1 g

Magdalenas de toda la vida

Recuerdo como si fuera ayer a mi abuelo Juan merendando magdalenas con un tazón de leche. Él siempre las troceaba, las metía en la leche para que se mojara la miga y se las comía con una cuchara grandota. Esta receta le habría encantado, estoy segura.

 4 unidades

 25 min

Ingredientes

2 huevos

30 g de eritritol

ralladura de 1 naranja

15 g de aceite de oliva

20 g de harina de avena
   sin gluten

30 g de harina mix sin gluten

7 g de levadura

2 g de psyllium

15 g de leche en polvo
   o proteína (yo he usado
   proteína con sabor a vainilla)

Elaboración

1. En un bol, con unas varillas, mezcla los huevos con el eritritol, la ralladura de naranja y el aceite.

2. En otro recipiente, mezcla los ingredientes secos: las harinas, la levadura, la proteína o la leche en polvo y el psyllium.

3. Ahora mézclalo todo y déjalo reposar 15 minutos en la nevera.

4. Pasado este tiempo, vierte la preparación en los moldes para magdalenas y hornea durante 10 minutos en el horno precalentado a 180 °C.

5. Pínchalas con un palillo y, si sale seco, ya están listas. Déjalas enfriar mientras preparas tu tazón de leche... ¡y a disfrutarlas!

MACROS POR RECETA ENTERA			
Valor energético: 509 kcal	Grasas: 25,2 g	Carbohidratos: 46 g	Proteínas: 20,7 g

Tarta de queso con mermelada de arándanos

¡Aquí va la mejor receta de tarta de queso que he hecho hasta ahora! Con base de galleta casera y una textura cremosa que se deshace en la boca, te deleitarás con cada cucharada. Es un postre que nunca falla y, si además la cubres con mermelada de arándanos, ahí ya sí que te ganas a todos tus invitados.

 6 porciones

⏱ 1 h

Ingredientes para la base

60 g de harina de almendras

60 g de yogur natural

canela al gusto

edulcorante líquido al gusto

Ingredientes para el relleno

400 g de queso crema tipo Philadelphia® light

2 huevos + 60 g de claras

10 g de maicena

30 g de rulo de cabra

40 g de eritritol

Ingredientes para la cobertura

mermelada de arándanos (ver receta pág. 167)

Elaboración

1. Precalienta el horno a 180 °C con ventilador.
2. Prepara primero la base de galleta. Mezcla la harina de almendra con el yogur, la canela y el edulcorante, y reparte la preparación en el fondo del molde.
3. Ahora haz el relleno. En el vaso de una batidora, pon el queso crema, los huevos, las claras (o un huevo más si no las usas), la maicena, el rulo de cabra sin corteza y el eritritol. Mezcla muy bien y vierte en el molde encima de la galleta.
4. Hornea 30-40 minutos. Deja enfriar.
5. Cubre con una capa de mermelada de arándanos.

Consejos

Si no tienes harina de almendras, muele tú un puñado o usa copos de avena.

Si no tienes rulo de cabra, utiliza mascarpone u otro queso.

MACROS POR TARTA			
Valor energético: 1.226 kcal	Grasas: 78,9 g	Carbohidratos: 52,3 g	Proteínas: 79,2 g

Churros de patata con chocolate

¡Unos churros no son churros sin un buen chocolate caliente para mojarlos! Y cuando los preparas a la hora de merendar y te sobran, puedes calentarlos de nuevo ¡y siguen estando deliciosos!

✄ 12 unidades

⏱ 25 min

Ingredientes para la masa de los churros

300 g de agua

5 g de aceite de oliva

70 g de puré de patatas en polvo

40 g de harina de avena sin gluten

una pizca de sal

Ingredientes para una taza de chocolate

4 g de maicena

250 g de leche desnatada

5 g de cacao puro desgrasado

edulcorante al gusto

Elaboración

1. En un recipiente grande, calienta el agua en el microondas durante 30 segundos y agrega el resto de los ingredientes para la masa.

2. Pon la preparación en una manga pastelera y haz los churros.

3. Puedes cocinarlos en el horno o en la freidora de aire a 180 °C durante 6 minutos por cada lado.

4. Para preparar el chocolate, disuelve en un vaso la maicena con la leche, viértela en una olla y, a fuego medio, remueve sin parar mientras añades el cacao y el edulcorante. Sigue removiendo hasta que adquiera una textura cremosa.

MACROS POR RECETA ENTERA			
Valor energético: 553 kcal	Grasas: 8,8 g	Carbohidratos: 93 g	Proteínas: 19 g

Muesli con leche de almendras

Esta receta es una de las que más me habéis pedido que hiciera para el libro, y tiene sentido: ¿a quién no le gusta un muesli con leche o con yogur natural? Es perfecto como topping, y lo mejor es que es muy fácil de preparar y aguanta muchísimo tiempo.

 5 raciones

 20 min

Ingredientes para el muesli

100 g de copos de avena
    sin gluten

10 g de harina de coco

50 g de manzana

70 g de agua

10 g de aceite de coco

20 g de pasas (sin azúcar
    añadido)

Ingredientes para la leche de almendras

1 cucharada de crema
    de almendras

500 g de agua

10 gotitas de edulcorante
    al gusto

Elaboración

1. Precalienta el horno a 200 °C con calor arriba y abajo y con ventilador.
2. En un bol, pon los copos de avena y la harina de coco.
3. Trocea la manzana con piel en daditos pequeños.
4. Mézclalo todo junto con el agua y el aceite de coco.
5. Aplasta la masa con las manos y, en una bandeja de rejilla con papel de hornear, repártela haciendo pegotitos tal como te queden.
6. Hornea 7 minutos. Saca, remueve un poco y añade las pasas. Vuelve a introducir en el horno unos 5-7 minutos más.
7. Deja enfriar y, cuando el muesli esté frío del todo, guárdalo en un bote hermético.
8. Para preparar la leche de almendras, solo tienes que batir la crema de almendras con el agua y el edulcorante.

Consejos

Si no tienes harina de coco, puedes usar de almendras.

MACROS POR 5 RACIONES DE MUESLI			
Valor energético: 566 kcal	Grasas: 17,67 g	Carbohidratos: 79,87 g	Proteínas: 13,2 g

Flan de queso

¿A ver cómo te explico esta delicia para que no puedas resistirte a prepararla…?
¿Sabes esa cremosidad de una tarta de queso y esa ligereza de un flan de toda la vida?
Pues imagínate la fusión de ambas cosas. ¿A que ya tienes ganas de probarlo?
¡Vamos con la receta!

 6 raciones

🕐 20 min

Ingredientes

3 huevos grandes
180 g de queso crema tipo
   Philadelphia®
1 yogur de cabra
20 g de harina de avena sin
   gluten
20 g de eritritol
saborizante de caramelo
   0 % de azúcar al gusto

Ingredientes para el caramelo

30 g de sirope 0 % de azúcar
   (también puedes usar miel)
20 g de eritritol
1 g de bicarbonato

Elaboración

1. Prepara primero, en el molde que vayas a utilizar para la receta, el caramelo. Pon todos los ingredientes, mézclalos e introduce en el microondas a máxima potencia durante 1 minuto.
2. Espera a que se enfríe y coja consistencia y, mientras tanto, prepara el flan.
3. Combina todos los ingredientes y, una vez que el caramelo esté listo, añádelos al molde con cuidado y despacito e introdúcelo de nuevo en el microondas 15 minutos a 600 W.
4. Cuando ya esté, deja enfriar a temperatura ambiente y luego reserva durante 24 horas en la nevera para que quede más sabroso.

Consejos

Puedes sustituir la harina de avena sin gluten por harina de maíz o la que uses en casa.

En vez de saborizante, usa, si quieres, esencia de vainilla y elige el yogur que más te guste.

Opcionalmente, puedes añadir ralladura de limón al flan.

Si lo prefieres, prepara el flan en el horno (35 minutos aproximadamente) y el caramelo en una sartén.

MACROS POR FLAN	
Valor energético: 642 kcal	Grasas: 36,5 g
Carbohidratos: 30,5 g	Proteínas: 44,1 g

Crepes finas

Esta receta no podía faltar en mi libro: es una de mis favoritas y la preparo casi todos los días para desayunar. Creo que he conseguido la versión más fácil y sencilla. La masa queda superfinita y salen muchas con estas cantidades, así que no te quedarás con hambre. Puedes compartirlas, pero yo… ¡me las como todas! Para que te queden perfectas, eso sí, necesitarás una sartén antiadherente. Hacerlas es así de fácil.

 10 unidades

 10 min

Ingredientes

2 huevos

100 g de leche desnatada
    sin lactosa (o la que uses)

30 g de harina de avena
    sin gluten

endulzante de coco al gusto

Elaboración

1. Mezcla muy bien todos los ingredientes con una batidora eléctrica.

2. En una sartén antiadherente, a fuego medio-alto, pon un poco de aceite de coco (o el que uses) y espárcelo con una brocha para que no se peguen las crepes, echa una porción de masa y mueve la sartén hasta que una fina capa cubra toda su superficie.

3. Para saber cuándo darle la vuelta, tienes que esperar a ver cómo los bordes se despegan solos. Ten cuidado, que se hacen rápido al ser tan finitas.

4. Repite el proceso hasta terminar con toda la masa (si te salen 10, ¡cada una tendrá tan solo 28,6 kcal!) y rellénalas con lo que más te guste. ¿Eres más de dulce o de salado?

Consejos

Puedes usar la harina que quieras e incluso harina de avena con sabores, pero siempre ten en cuenta que, si usas otra harina que no sea de avena, puede que la textura varíe.

Quedan genial con saborizante de coco, pero, si no tienes, puedes sustituirlo por edulcorante líquido al gusto y esencia de vainilla.

MACROS POR RECETA ENTERA	
Valor energético: 286 kcal	Grasas: 11,6 g
Carbohidratos: 22,5 g	Proteínas: 19,4 g

Tarta de Conguitos®

¿Tienes un cumpleaños o una celebración pronto? Pues esta tarta tiene que estar en la mesa. ¡Un acierto seguro! Cuando la pruebes, no vas a querer hacer otra tarta de chocolate que no sea esta, bien rellena de crema de Conguitos®.

 6 raciones

 40 min

Ingredientes para la masa

120 g de harina de avena sin
   gluten
30 g de cacao en polvo puro
   desgrasado
8 g de polvos de hornear
   (levadura)
35 g de eritritol
2 huevos
60 g de claras de huevo
1 yogur natural 0 % de azúcares
saborizante de chocolate
   0 % de azúcares (o esencia
   de vainilla o de almendra)

Ingredientes para el relleno

crema de Conguitos®
   (ver receta pág. 163)
trocitos sobrantes del bizcocho

Ingredientes para
   los Conguitos®

cacahuetes
chocolate negro sin azúcar
   al gusto

Elaboración

1. Empieza precalentando el horno a 180 °C y preparando la masa.
2. Mezcla en un bol los ingredientes secos: la harina de avena, el cacao, los polvos y el eritritol. En otro recipiente, combina los húmedos: los huevos, las claras, el yogur y el saborizante.
3. Intégralo todo y bate muy bien hasta que no queden grumos. Reparte la masa en un molde de 15 centímetros de diámetro.
4. Hornea unos 20 o 30 min, dependiendo del horno. Pincha con un palillo en el centro y, si sale seco, es que ya está listo.
5. Mientras tanto, prepara los Conguitos®: quítales la cáscara a los cacahuetes y báñalos en el chocolate fundido (en el microondas, a intervalos cortos de tiempo). Déjalos enfriar en la nevera.
6. Una vez listo el bizcocho, déjalo enfriar del todo y, seguidamente, córtalo en capas. No sube mucho, pero sí lo suficiente para poder cortarlo en tres; quita y guarda lo que sobre para que quede de forma perfecta. Reserva.
7. Por último, prepara el relleno. Bate la crema de Conguitos® con los trozos de bizcocho que hayan sobrado. Queda una textura más espesa. Rellena la tarta capa a capa y cúbrela con la misma mezcla.

Consejos

En lugar de claras de huevo, añade un huevo más.

MACROS DE LA MASA DE BIZCOCHO			
Valor energético: 743 kcal	Grasas: 20,29 g	Carbohidratos: 82,7 g	Proteínas: 45,1 g

Dónuts de chocolate

¿Quién quiere «un día redondo» y chocolatoso a la vez? Te aconsejo que prepares una buena tanda de dónuts de chocolate porque, cuando huelan en casa esta maravilla, ¡van a quitártelos de las manos!

 3 unidades

 10 min

Ingredientes

35 g de harina mix sin gluten

10 g de cacao puro desgrasado

2 g de polvos de hornear
   (levadura blanca)

1 huevo

30 g de yogur natural

30 g de leche desnatada

5 g de esencia de vainilla

2 g de sucralosa líquida

Elaboración

1. Primero, mezcla muy bien los ingredientes secos: la harina, el cacao y los polvos.
2. Agrega los húmedos y mézclalo todo con unas varillas hasta que no queden grumos.
3. Vierte la masa en los moldes para dónuts previamente engrasados con un poquito de aceite de coco —o con el que suelas usar— e introduce 1 minuto en el microondas. Apaga, mira, vigila y pon 30 segundos más.
4. Yo hago los dónuts de uno en uno; si los haces todos a la vez, quizá necesitarán más tiempo en el microondas.
5. Añade el topping que más te apetezca. Yo los he bañado con chocolate derretido.

MACROS POR DÓNUT (SIN TOPPING)			
Valor energético: 89,6 kcal	Grasas: 2,3 g	Carbohidratos: 11,1 g	Proteínas: 4 g

Tarta de yogur y mango

¡Adoro el mango! ¡Es una de mis frutas favoritas! Pero si a ti no te gusta, puedes usar cualquier otra fruta en las mismas cantidades para hacer esta tarta fresca, ligera, perfecta a cualquier hora y muy baja en kilocalorías.
No necesitarás ni horno ni microondas, y cada día que pase estará más rica.

✂ **6 raciones**

⏱ **20 min**

Ingredientes para la masa

300 g de mango
2 yogures griegos
125 g de queso crema tipo Philadelphia® u otro yogur
ralladura de ½ naranja (opcional)
30 g de eritritol
250 g de leche desnatada
3 g de agar-agar

Ingredientes para la cobertura

100 g de mango
40 g de agua
2 g de zumo de limón
20 g de eritritol
0,5 g de agar-agar

Elaboración

1. Prepara primero la masa. Para ello, pela el mango y, en una batidora, mézclalo con los yogures, el queso crema, la ralladura de naranja (es opcional) y el eritritol. Reserva.
2. En un bol, diluye la leche con el agar-agar y ponlo a hervir en una olla a temperatura media-baja durante 3 minutos sin parar de remover. Agrégalo a la mezcla anterior y vuelve a batirlo todo junto.
3. Vierte en el molde y deja enfriar a temperatura ambiente.
4. Mientras tanto, prepara la cobertura: pela el mango y bátelo junto con el resto de los ingredientes. Luego calienta la preparación 2 minutos en una olla a temperatura media-alta.
5. Por último, esparce la cobertura por encima de la tarta y deja enfriar.
6. Puedes comértela enseguida, pero está más deliciosa de un día para otro.

MACROS POR TARTA			
Valor energético: 869 kcal	Grasas: 43,9 g	Carbohidratos: 96 g	Proteínas: 27,1 g

Roscón de Reyes

No podía faltar esta receta en mi primer libro. Y si encima te digo que se prepara rápido y que, además, la masa no tiene ni que reposar ni ser amasada, ¿qué me dices? Y aún hay más: es sin gluten y sin azúcar añadido.
Y si no te decides por el relleno, haz como yo: mix de nata y Nocilla®. ¡Acierto seguro!
¡FELIZ DÍA DE REYES, AMORES!

✂ 1 unidad

⏱ 30 min

Ingredientes para la masa

140 g de leche desnatada
   en polvo
140 g de harina de repostería
   sin gluten
4 g de psyllium
25 g de eritritol
10 g de polvos de hornear
   (levadura)
2 huevos
120 g de claras de huevo
10 g de agua de azahar
5 g de esencia de vainilla
5 g de aceite de oliva
ralladura de ½ naranja
rodajas de naranja, para decorar

Ingredientes para el relleno

130 g de nata para montar
20 g de eritritol
Nocilla® vegana (ver receta
   pág. 184)

Elaboración

1. Precalienta el horno a 180 °C.
2. Primero combina todos los ingredientes secos y, a continuación, añade los huevos, las claras (si no usas claras, añade dos huevos más), el agua de azahar, la esencia de vainilla, el aceite y la ralladura. Bate bien hasta que quede una masa homogénea.
3. En una bandeja de horno forrada con papel vegetal previamente engrasado y con las manos mojadas para que no se te pegue, dale forma a la masa.
4. Para que no se cierre el agujero, coloca en medio un molde redondo apto para horno.
5. Decora con rodajas de naranja y un toque de eritritol por encima. Se tostará y le dará ese brillo de roscón.
6. Hornea durante 16-20 minutos. Pincha con un palillo y, si sale seco, es que ya está listo.
7. Para el relleno, parte el rosco por la mitad cuando se haya enfriado, mezcla bien los tres ingredientes y reparte la preparación por la base del roscón con una manga pastelera o una bolsa de plástico a la que hayas cortado una de las esquinas. Luego cúbrelo con la parte de arriba.

MACROS POR MASA DE ROSCÓN			
Valor energético: 1.260 kcal	Grasas: 17,3 g	Carbohidratos: 192,6 g	Proteínas: 75,1 g

Pon sal a la vida

Rollpizzas sin harina

¿No sabes qué almorzar o cenar hoy? Pues te traigo una superreceta rápida de hacer y con sabor a pizza que nunca falla.
Pero ya sabes que puedes sorprenderme y rellenarlas con lo que quieras y mandarme fotitos por Instagram, ¡que me encanta ver vuestras versiones!

✄ 9 unidades

⏱ 20 min

Ingredientes para la masa

200 g de claras de huevo
aceite de oliva

Ingredientes para el relleno

150 g de queso Eatlean® rallado
100 g de pavo en lonchas
100 g de tomate triturado
orégano al gusto
sal al gusto

Elaboración

1. Precalienta el horno a 180 °C con calor arriba y abajo.
2. Monta las claras de huevo a punto de nieve y, al momento, para que no bajen, ponlas en una bandeja de horno forrada con papel vegetal previamente engrasado con un poco de aceite de oliva y, con una espátula, las extiendes sin dejar huecos y con un grosor de poco más de un dedo.
3. Hornea 6 minutos o hasta que veas que se puedan despegar. Espera a que se enfríen y cubre con lo que hayas elegido. Enrolla y corta 9 rollpizzas.
4. Colócalos en una fuente o plato apto para horno y cuece 9 minutos más a 180 °C.

MACROS POR RECETA ENTERA			
Valor energético: 480 kcal	Grasas: 7,7 g	Carbohidratos: 9,8 g	Proteínas: 98,3 g

Tacos blandos de maíz

Hoy me ha dicho Jaly que le apetecían tacos blandos de los míos, ¡y es que tienes que probar esta receta! Son superfáciles de hacer y los puedes rellenar de lo que quieras. A mí me encantan con queso, pero esta vez les hemos puesto más color.

 8 unidades

 15 min

Ingredientes para la masa

80 g de harina de maíz

60 g de agua

60 g de claras de huevo

   o 1 huevo

sal al gusto

pimienta al gusto

un toque de cúrcuma

Ingredientes para el relleno

pollo a la plancha

cebolla morada

aguacate

tomates cherry

zumo de limón

cilantro o perejil fresco

Elaboración

1. Mezcla todos los ingredientes para hacer la masa, tritúralos en una batidora y, en una sartén antiadherente con un pelín de aceite, pon un poco de la preparación y repártela por toda la superficie. Deja que se cocine a fuego medio y dale la vuelta.

2. Repite el mismo proceso hasta terminar la masa.

3. Rellena los tacos con la propuesta que te hago (pollo a la plancha, cebolla morada, aguacate y tomates cherry) o con lo que más te guste. A mí me encanta añadir siempre un chorrito de limón y cilantro o perejil fresco.

MACROS POR MASA DE TACO			
Valor energético: 42,7 kcal	Grasas: 0,8 g	Carbohidratos: 7 g	Proteínas: 1,6 g

Canelones de berenjena rellenos de atún

¡Una de mis comidas favoritas son los canelones! ¿También es la tuya? Recuerdo que, cuando era pequeña, mi madre los hacía, y los favoritos de mi padre eran los de atún. Yo siempre decía que a mí no me gustaban, pero eso fue hasta que los probé. Desde entonces me uní a su club. Y lo mejor de todo es que el relleno se hace en menos de 2 minutos.

 2 raciones

⏱ 20 min

Ingredientes

1 berenjena grande
una pizca de pimienta

Ingredientes para el relleno

80 g de atún al natural
   o en aceite (bien escurrido)
100 g de queso crema tipo
   Philadelphia®
100 g de salsa de tomate casera
   (ver receta pág. 164)
una pizca de sal
orégano y albahaca al gusto

Ingredientes para gratinar

20 g de queso rallado

Elaboración

1. Primero prepara la berenjena. Para ello, elimina las puntas y córtala a lo largo en láminas lo más finitas que puedas (medio dedo de grosor). Puedes quitarle la piel si quieres.

2. Coloca las láminas en un plato hondo, échales un chorretón de agua para que se mojen y dales un toque de pimienta. Caliéntalas en el microondas 3-4 minutos para que se pongan blanditas, pero controlando que no se deshagan: que te permita cogerlas y manejarlas para rellenarlas.

3. Ahora prepara el relleno: mezcla el atún con el queso crema, la salsa de tomate y las especias.

4. Pon algo de relleno en cada lámina de berenjena y enróllalas como si fueran canelones. Ponlas en una bandeja o plato y esparce un poco de queso rallado por encima y gratina en el horno o la freidora de aire durante unos 5 minutos a 180 °C para que se funda el queso.

5. ¡Y listas! ¡Te van a encantar!

MACROS POR RECETA ENTERA			
Valor energético: 339 kcal	Grasas: 14 g	Carbohidratos: 19 g	Proteínas: 35,4 g

Noodles al wok con verduras

¿No te gustaría hacer en casa esos noodles con verduritas de sabor único que sirven en algunos restaurantes y que se te resisten cuando quieres recrearlos en casa? Pues tienes que hacerlos tal cual te lo explico en esta receta porque te van a quedar… Mmm… ¡DEMASIADO BRUTALES!

✂ 3 raciones

⏱ 30 min

Ingredientes

100 g de fideos de arroz finos

340 g de pimiento rojo

60 g de pimiento verde

60 g de cebolla

10 g de aceite de oliva

15 pasas

30 g de salsa de soja

10 g de sésamo

15 g de crema de cacahuetes

80 g de brotes de soja de bote

3 gotas de salsa Valentina®
   picante

10 g de bechamel vegana
   o nata

Elaboración

1. Cuece los fideos de arroz según las instrucciones del fabricante, escúrrelos y reserva.

2. Corta los pimientos y la cebolla en tiras. En una sartén, añade las verduras con un poco de aceite y saltéalas a fuego alto sin parar de remover durante 2 minutos.

3. Baja un poco el fuego e incorpora las pasas, la salsa de soja, el sésamo y la crema de cacahuetes. Ten cuidado de que las verduras no se pasen; tienen que quedar *al dente*.

4. Por último, agrega 3 gotas de Valentina® picante, los brotes de soja y la bechamel.

5. Saltea a fuego medio un par de minutos más y añade los fideos. Remueve hasta que quede una mezcla uniforme.

MACROS POR RECETA ENTERA			
Valor energético: 786 kcal	Grasas: 25,2 g	Carbohidratos: 125,6 g	Proteínas: 23,4 g

Pollo al curri cremoso

Si piensas que esta receta es pura nata y grasa…, ¡estás muy equivocada! El ingrediente principal de la salsa es la calabaza. Es una receta supersaciante y ligera a la vez, y muy muy sabrosa. ¡Estoy segura de que te encantará cuando la pruebes!

✻ 3 raciones

⏱ 30 min

Ingredientes

400 g de pechuga de pollo

10 g de pasas

180 g de calabaza

180 g de queso crema tipo Philadelphia® light

100 g de leche

2 cucharaditas de curri

2 g de nuez moscada en polvo

sal al gusto

pimienta al gusto

10 g de coco rallado

cilantro fresco

Elaboración

1. Saltea el pollo cortado en daditos y las pasas.
2. Cuece la calabaza y tritúrala junto con el queso crema, la leche, el curri, la nuez moscada, la sal y la pimienta.
3. Agrega la salsa y el coco rallado a la sartén con el pollo y cocina a fuego medio unos minutos.
4. Sirve con un toque de cilantro fresco.

Consejos

Si te gusta una salsa más líquida, añade un poco más de leche.

MACROS POR RECETA ENTERA			
Valor energético: 924 kcal	Grasas: 30,5 g	Carbohidratos: 44,2 g	Proteínas: 114,8 g

Salchichas de pollo

¿Te apetece un perrito caliente o un plato de patatas con huevo y salchicha? ¡Pues haz tus propias salchichas con ingredientes cien por cien naturales!

✄ 10 unidades

⏱ 15 min

Ingredientes

350 g de pechuga de pollo

20 g de cebolla cocida

1 g de nuez moscada en polvo

1 g de pimentón dulce

30 g de queso rallado bajo en grasa

15 g de leche en polvo

10 g de mostaza

1 clara de huevo

Elaboración

1. Tritura todos los ingredientes en una picadora hasta que quede una masa uniforme.
2. Corta un trozo de papel film, pon una bolita de masa, enróllala de forma alargada y cierra bien las puntas enroscándolas. Repite el mismo paso hasta terminar con toda la masa.
3. Calienta agua en una olla y hiérvelas durante 4 minutos.
4. Saca los plásticos, saltea las salchichas en una sartén y ¡ya se pueden comer!

MACROS POR RECETA ENTERA			
Valor energético: 533 kcal	Grasas: 7,9 g	Carbohidratos: 11,9 g	Proteínas: 98,3 g

Macarrones con espinacas, trufas y setas

¿Eres más de espaguetis o de macarrones? Yo de macarrones, no sé por qué. El caso es que en esta receta no importa mucho si usas unos o los otros. ¿Quieres sorprenderte a ti misma? Prepara este platazo de pasta cremosa con un maravilloso toque de trufa.

✂ 3 raciones

⏱ 30 min

Ingredientes

200 g de pasta

5 g de aceite de oliva

1 cebolleta fresca (60 g aprox.)

200 g de espinacas frescas

200 g de setas variadas

pimienta al gusto

sal al gusto

200 g de bechamel vegana
    o nata

60 g de queso cottage

1 cucharada de pasta de trufa

60 g del agua de cocción
    de la pasta

albahaca al gusto

Elaboración

1. Cuece la pasta siguiendo las instrucciones del fabricante y escúrrela reservando el agua de la cocción.

2. En una sartén, añade el aceite, la cebolleta troceada, las espinacas, las setas, un poco de pimienta y sal.

3. Cuando esté todo rehogado, agrega la bechamel, el queso cottage y la trufa. Si lo ves muy espeso, añade lo que necesites del agua de la cocción.

4. Finalmente, incorpora la pasta cocida a la sartén, remueve y esparce albahaca fresca por encima.

MACROS POR RACIÓN			
Valor energético: 357 kcal	Grasas: 11 g	Carbohidratos: 49 g	Proteínas: 14,2 g

Pizza de batata

En casa nos encanta comer pizza los viernes y esta es una de mis bases favoritas y más fáciles de preparar. Puedes congelarla una vez cocinada y la tienes lista para cada vez que te apetezca. Solo vas a necesitar dos ingredientes y ni horno ni microondas.

✂ 1 unidad

⏱ 15 min

Ingredientes

50 g de batata cocida

50 g de harina de avena
   sin gluten

Elaboración

1. Mezcla la batata cocida con la harina hasta formar una masa.
2. Sobre un papel vegetal, dale forma de pizza a la masa con un rodillo y directamente a la sartén (sin el papel, claro: el papel es solo para que no se te pegue en la superficie de trabajo).
3. Cocina por ambos lados unos 4 minutos a fuego medio o hasta que la veas crujiente.
4. Coloca sobre la base los ingredientes que quieras y tapa la sartén o dale un toque en la freidora de aire u horno para que quede tostadita y bien gratinada, si es que añades queso.

Consejos

Yo he hecho la pizza con salsa de tomate casera (ver receta pág. 164), queso Eatlean® rallado, pavo y orégano.

MACROS POR MASA			
Valor energético: 211 kcal	Grasas: 3,1 g	Carbohidratos: 37,2 g	Proteínas: 6,2 g

Tequeños de queso

Amores, estos tequeños se tienen que comer bien calentitos, que tengas que soplarte los dedos para sujetarlos y abrirlos con todo ese queso fundido dentro… ¡ÑAM! Y esa masa crujiente por fuera y esponjosa a la vez… ¡MADRE MÍA, QUÉ HAMBRE, ¿NO?!

✂ 8 unidades

⏱ 30 min

Ingredientes para la masa

200 g de queso fresco
    0 % de azúcar y grasas
    o yogur natural
200 g de harina de avena
    sin gluten
yema de huevo
semillas de sésamo y amapola

Ingredientes para el relleno

50 g de queso rallado Eatlean®
    o el que tú prefieras

Ingredientes para la salsa

100 g de queso fresco
3 pepinillos
½ cucharadita de sirope
    de agave
eneldo
una pizca de sal

MACROS POR LOS 8 TEQUEÑOS	
Valor energético: 997 kcal	Grasas: 16,8 g
Carbohidratos: 129,5 g	Proteínas: 68 g

Elaboración

1. Corta taquitos de queso y resérvalos en el congelador durante 3 horas, como mínimo.
2. Mientras tanto, mezcla muy bien el queso fresco con la harina y luego amásalo con las manos y mucha paciencia hasta obtener una masa homogénea.
3. Coge una pequeña porción de masa. Aplánala con un rodillo, coloca en el centro un taquito de queso congelado y cierra bien los bordes para que no se salga. Repite el mismo paso hasta terminar con toda la masa.
4. Cuando tengas hechos todos los tequeños, precalienta el horno a 170 °C con calor arriba y abajo.
5. Con un pincel, dales un toque con yema de huevo y espolvorea unas semillas de sésamo y amapola por encima.
6. Hornea 12-15 minutos a 170 °C hasta que se doren.
7. Para hacer la salsa, solo tienes que batir todos los ingredientes de la lista.

Consejos

Para hacer la masa, siempre debes usar la misma cantidad de harina que de queso fresco; aunque, si usas otra harina, quizá necesites más queso o más harina.

Pollo con almendras

Piensa en comida china… ¿Qué te viene a la cabeza? A mí, sin duda, pollo con almendras y arroz frito tres delicias. Esa salsita tan deliciosa con ese pollo jugoso, la verdurita crujiente… ¡Dios!, se me acaba de hacer la boca agua, ¿a ti no?

3 raciones
35 min

Ingredientes

400 g de pechuga de pollo
una pizca de jengibre en pasta
3 gotas de sucralosa líquida
120 g de salsa de soja sin gluten
10 g de aceite de oliva
60 g de almendras crudas
   peladas
1 cebolla
2 zanahorias
½ pimiento rojo
½ pimiento verde
200 ml de caldo de pollo
10 g de maicena
100 ml de agua
sal (opcional)

Elaboración

1. Corta el pollo en filetes y luego en daditos desiguales.
2. Ponlo en un táper y añade el jengibre, el endulzante y la salsa de soja. Empapa bien todo el pollo y mételo en la nevera tapado mientras preparas el resto.
3. En una sartén, calienta el aceite y dora las almendras a fuego medio, apártalas y reserva.
4. Trocea la cebolla, la zanahoria y los pimientos, sala al gusto, saltéalo todo 5 minutos en la misma sartén en la que has dorado las almendras. Retira del fuego y reserva.
5. Saca el pollo macerado de la nevera y échalo en la sartén. Saltéalo 5 minutos a fuego medio, que no llegue a dorarse, e incorpora las verduras y las almendras.
6. Agrega el caldo de pollo. Disuelve la maicena en el agua y añádela también sin dejar de remover durante 3 minutos. Deja reducir a fuego medio 15 minutos.
7. Prueba la salsa y, si está a tu gusto, perfecto; si no, agrega un poco más de soja. Si se ha espesado demasiado, añade agua o si, por el contrario, la ves muy líquida, puedes diluir un poco más de maicena en agua y agregarla.

MACROS POR RACIÓN	
Valor energético: 384,6 kcal	Grasas: 16,3 g
Carbohidratos: 18 g	Proteínas: 39,7 g

Consejos

Puedes tener ya el arroz cocido y saltearlo junto con un huevo y un poco de maíz.

Nachos Papadelta®

No sé si conocías estas patatas en forma de triangulitos y sabor a queso, pero en mi infancia eran de mis favoritas: las Papadelta®. ¿Sí? Pues ahora vas a tener la versión saludable, supercrujiente y sin freír. En casa nos encantan con guacamole casero.

✂ 2 raciones

⏱ 30 min

Ingredientes

80 g de maicena

30 g de queso en polvo

80 g de agua

pimentón al gusto

sal al gusto

Ingredientes para el guacamole

1 aguacate

1 tomate

zumo de ½ limón

½ cebolla

20 g de queso crema

una pizca de sal

pimienta al gusto

Elaboración

1. Precalienta el horno a 200 °C.
2. En un bol, mezcla todos los ingredientes.
3. Pon la masa en una bandeja de horno forrada con papel vegetal engrasado con un poco de aceite para que no se pegue, y espárcela sin que queden huecos y haciendo una capa muy finita.
4. Hornea unos 10 minutos. Retira, corta en forma de triángulos con un cortapizzas y vuelve a introducir 5 minutos más en el horno.
5. Dales la vuelta y métulos de nuevo en el horno 5 minutos más.
6. Deja enfriar sobre una rejilla sin papel para que queden bien crujientes.
7. Ahora prepara el guacamole. Aplasta el aguacate y trocea el tomate. Mézclalos junto con el resto de los ingredientes y a dipear.

MACROS POR TODOS LOS NACHOS			
Valor energético: 369 kcal	Grasas: 5,18 g	Carbohidratos: 60,7 g	Proteínas: 12,9 g

Pollo relleno de espinacas y queso con crema a la mostaza

¿Eres salsera? A mí me encanta todo con salsa y, si es relleno, mejor aún. Con esta receta sorprenderás a todos y, aunque parezca complicada, ¡para nada lo es!

✂ 2 raciones

⏱ 20 min

Ingredientes

350 g de pechuga de pollo

60 g de queso (yo he usado Eatlean Tasty®)

hojas de espinacas frescas

250 g de leche evaporada o nata

1 cucharadita de mostaza

50 g de queso crema tipo Philadelphia® light

sal al gusto

pimienta al gusto

Elaboración

1. Corta las pechugas en filetes y pon encima el queso y las hojas de espinacas.
2. Ciérralos haciendo un rollito y séllalos con un palillo de dientes. Mételos 10 minutos en la freidora de aire a 180 °C o cocínalos a la plancha.
3. Mientras tanto, prepara la salsa en una sartén: mezcla la leche con la mostaza, el queso crema, sal y pimienta. Reserva.
4. Una vez cocinados los rollitos de pollo, quítales los palillos.
5. Sirve en el plato y báñalos en salsa.

MACROS POR RECETA ENTERA			
Valor energético: 834 kcal	Grasas: 21,9 g	Carbohidratos: 31,3 g	Proteínas: 124 g

Ensalada de col

Puedes comerla como entrante, como acompañamiento e incluso como relleno de los tacos de carne. ¡A mí me encanta así, queda deliciosa! Una recomendación: hazla de un día para otro porque coge más sabor y la col se reblandece más.

✂ 7 raciones

⏱ 20 min

Ingredientes

30 g de pasas

1 col grande

2 zanahorias

100 g de maíz dulce

sal al gusto

pimienta al gusto

Ingredientes para la salsa

40 g de queso brie

1 yogur natural 0 % de azúcar
  y grasa

1 cucharada de mostaza

Elaboración

1. Pon las pasas en remojo durante 15 minutos.
2. Mientras tanto, ralla la col con una mandolina o córtala con un cuchillo, pero que quede muy finita. Quítale la parte del medio, que es amarga.
3. Ralla también las zanahorias y añade el maíz, la sal y la pimienta.
4. Para hacer la salsa, mezcla el brie con el yogur y la mostaza aplastándolos.
5. Por último, escurre las pasas. Ponlo todo en un bol y mézclalo muy bien.

MACROS POR TODA LA ENSALADA COMPLETA			
Valor energético: 609 kcal	Grasas: 14,3 g	Carbohidratos: 99,6 g	Proteínas: 31 g

Pollo mechado

Aún nos quedaba pan chapati que preparamos el otro día (ver receta pág. 138) y nos apeteció rellenarlo con un pollo mechado recién hecho al estilo mexicano.

✂ 2 raciones

⏱ 40 min

Ingredientes

300 g de pechuga de pollo

1 pimiento rojo

1 pimiento verde

1 cebolla

200 g de tomate triturado

½ cucharadita de pimentón rojo

½ cucharadita de cebolla
   en polvo

½ cucharadita de ajo en polvo

½ cucharadita de orégano

un toque de escamas de chile

60 g de queso crema tipo
   Philadelphia® casero
   (pág. 191)

Elaboración

1. Cuece la pechuga de pollo y, con un tenedor, deshiláchala.
2. Corta en tiras todas las verduras y, en una sartén, saltéalas a fuego medio. Cuando ya estén pochadas, agrega el pollo y saltea unos minutos más.
3. Añade el tomate y las especias y rehoga unos 10 minutos.
4. Por último, incorpora el queso crema y remueve. ¡Listo, de la sartén a la mesa!

MACROS POR RECETA ENTERA			
Valor energético: 602 kcal	Grasas: 11,3 g	Carbohidratos: 45,3 g	Proteínas: 79 g

Gofres salados

¿Estás cansada de desayunar siempre tostadas y quieres cambiar, pero sigues siendo más de salado que de dulce? ¡Pues estos gofres son para ti! Son muy sencillos de hacer. Acompáñalos con pavo y queso, huevito o lo que más te guste.

 1 ración

 10 min

Ingredientes

150 g de claras de huevo

45 g de harina de avena
    sin gluten

5 g de cebolla en polvo

2 g de polvos de hornear
    (levadura blanca)

5 g de sésamo

Elaboración

1. Mezcla bien todos los ingredientes con unas varillas y vierte la masa en la gofrera previamente engrasada con un pelín de aceite o mantequilla.

2. Para acompañar los gofres, dobla unas lonchas de pavo y mételas en la freidora de aire y también añade una gotita de aceite en un sartén antiadherente y, cuando esté bien caliente, echa un huevo, baja el fuego y tapa 1-2 minutos.

MACROS POR RACIÓN			
Valor energético: 278 kcal	Grasas: 5,2 g	Carbohidratos: 32,2 g	Proteínas: 22,7 g

Patatas funghi ni te imaginas

Aquí te soy sincera: la foto no le hace justicia a la pobre patata… Pero te aseguro que las apariencias engañan y que esta es una de las mejores recetas saladas del libro. Ya me dirás cuando la estés haciendo y huelas esa salsa de setas que también es ideal para pasta o arroz estilo risotto.

 5 raciones

 1 h

Ingredientes

5 patatas (de 180 g aprox. cada una)

50 g de cebolla

250 g de champiñones

150 g de fiambre de pavo en taco (o el que prefieras)

aceite de oliva

200 g bechamel de almendras vegana o nata para cocinar

40 g de crema de trufa

pimienta al gusto

sal al gusto

perejil fresco al gusto

Elaboración

1. Lava y cuece las patatas enteras con piel. Cuando estén blanditas, ábrelas por la mitad y, con una cucharita, quita con cuidado la parte de dentro. Reserva.

2. Corta en dados la cebolla, los champiñones y el pavo y, en una sartén, saltéalo todo con un poco de aceite de oliva o el que uses.

3. Una vez salteado, añade la bechamel, la pulpa de las patatas, la trufa, sal, pimienta y perejil.

4. Cuando consigas una crema espesa, rellena las patatas y, opcionalmente, espolvorea un poco de queso rallado y gratínalas en el horno.

MACROS POR LAS 5 RACIONES			
Valor energético: 1.125 kcal	Grasas: 33,4 g	Carbohidratos: 158,2 g	Proteínas: 56,3 g

Piruletas de pollo

Estas piruletas son una idea superdivertida para sorprender a tus comensales y, además, están deliciosas. Son fáciles de preparar y puedes rellenarlas con lo que quieras. Yo las hice de jamón y queso, que no fallan.

 2 unidades

 20 min

Ingredientes

200 g de pechuga de pollo
    en filetes
60 g de queso Eatlean®
    o el que prefieras
60 g de jamón
perejil fresco

Elaboración

1. Extiende los filetes de pollo a lo ancho, sin dejar hueco entre ellos y haciendo que los bordes se superpongan.
2. Coloca sobre cada filete queso y jamón y enróllalos.
3. Córtalos con cuidado en rodajas y pínchalos con una brocheta.
4. Hazlas las piruletas a la plancha y, por último, espolvoréalas con perejil.

MACROS POR PIRULETA	
Valor energético: 192 kcal	Grasas: 3,5 g
Carbohidratos: 1 g	Proteínas: 39,5 g

Pasta a la boloñesa rápida

Es un plato básico y muy sencillo que siempre triunfa, pero tienes que probar a hacerlo con mi ingrediente secreto: el chocolate negro. Le da un plus de sabor a la receta que no sé describir con palabras. Añádelo a tu boloñesa y ya verás cómo se convertirá en un imprescindible.

✂ 4 raciones

⏱ 30 min

Ingredientes

200 g de pasta sin gluten
2 hojas de laurel
una pizca de sal
1 zanahoria
1 cebolla
1 pimiento rojo
250 g de ternera picada
1 diente de ajo
400 g de tomate triturado
   o casero
10 g de chocolate negro
pimienta y sal al gusto
albahaca fresca

Elaboración

1. Cuece la pasta —yo he usado de maíz— con dos hojas de laurel —cosas que he aprendido de mi madre— y una pizca de sal.
2. En una sartén, añade la zanahoria rallada, la cebolla picada y los pimientos troceados. Saltea.
3. Agrega el ajo y la carne picados, un poco de sal y pimienta, y sigue salteando.
4. Incorpora el tomate y los 10 g de chocolate, y deja rehogar hasta que reduzca todo un poco.
5. Por último, añade la pasta cocida, unas hojitas de albahaca y mezcla bien.

MACROS POR RACIÓN			
Valor energético: 353,5 kcal	Grasas: 6,6 g	Carbohidratos: 49,7 g	Proteínas: 21,8 g

Nuggets de pollo

He conseguido la mejor textura con un ingrediente secreto que seguro que siempre tienes en la cocina. Es una receta ideal para niños ¡y para adultos también! ¿Quién le dice que no a un plato hasta arriba de deliciosos nuggets con su salsita rica para mojar?

 3 raciones

🕑 20 min

Ingredientes para los nuggets

400 g de pechuga de pollo

90 g de patata cocida

5 g de aceite de oliva

sal

1 huevo

pimienta

70 g de puré de patatas en polvo

Ingredientes para la salsa

80 g de tomate natural triturado

20 g de pepinillos

3 g de vinagre

20 g de queso crema tipo Philadephia®

una pizca de sal

Elaboración

1. En una picadora o batidora, haz una masa con el pollo, la patata cocida, el aceite y la sal.

2. En un plato hondo, bate el huevo con una pizca de sal y pimienta. En otro plato, pon el puré en polvo.

3. A continuación, con las manos mojadas de agua para que no se te pegue la masa, coge un poco de preparación y dale forma de nugget, báñalo en el huevo y después en el puré, y nuevamente en el huevo y luego en el puré. Luego lo colocas en una bandeja de horno forrada con papel vegetal.

4. Repite el mismo proceso hasta terminar la masa.

5. Hornea 8 minutos a 190 °C , dales la vuelta a los nuggets y cocínalos 8 minutos más.

6. Para hacer la salsa, bate todos los ingredientes de la lista y sirve de inmediato.

MACROS POR RACIÓN DE NUGGETS			
Valor energético: 310,3 kcal	Grasas: 6,4 g	Carbohidratos: 24,7 g	Proteínas: 35,5 g

Tortitas de espinacas

Esta receta es sencilla, alta en fibra y se prepara con solo tres ingredientes principales. Las he rellenado de queso cottage, tomate y huevo duro, y me he preparado otra tanda. Así que, si eres comilona como yo, hazte el doble directamente.

✂ 3 unidades

⏱ 13 min

Ingredientes

100 g de hojas de espinacas
   frescas
1 huevo
60 g de claras de huevo
una pizca de sal
cebolla en polvo o las especias
   que quieras usar

Elaboración

1. Tritura todos los ingredientes con una batidora y, en una sartén antiadherente engrasada con un poquito de aceite de coco o del que uses, haz las tortitas de una en una.

2. Rellénalas de lo que más te guste ¡y disfrútalas!

MACROS POR TODA LA MASA			
Valor energético: 121 kcal	Grasas: 5,4 g	Carbohidratos: 4,2 g	Proteínas: 15,7 g

Ñoquis de calabaza

Siempre que voy a un italiano y hay ñoquis, los pido. ¡Me chifla su textura! ¿Y sabéis a quién más le encantan? ¡A mi padre, que es un glotón!

✂ 4 raciones

⏱ 35 min

Ingredientes

260 g de calabaza asada

190 g de harina de avena
    o maicena

70 g de queso rallado

1 g de sal

1 huevo

5 g de aceite de oliva

Ingredientes para la salsa

100 g de setas congeladas
    con sal y pimienta

200 g de leche evaporada

5 g de maicena

sal al gusto

pimienta al gusto

Elaboración

1. Tritura la calabaza, agrega el resto de los ingredientes, mezcla y forma la masa.
2. Ponla en una superficie (con un poquito de harina si es necesario), haz rulitos, córtalos y aplástalos para que los ñoquis te queden como ves en la foto.
3. Moja un tenedor con un poco de agua para hacer rayitas con las que decorar los ñoquis.
4. A la hora de cocerlos, hazlos en tres o cuatro tandas, no los cuezas todos a la vez. Que hierva primero el agua y luego añades los ñoquis. Cuando empiecen a flotar, déjalos un par de minutos y retíralos con una espumadera.
5. Para preparar la salsa, saltea todos los ingredientes de la lista y déjalos reducir.
6. Vierte los ñoquis y remueve.

Consejos

En vez de calabaza, puedes hacer esta receta con patata.

MACROS POR RACIÓN			
Valor energético: 249 kcal	Grasas: 5,7 g	Carbohidratos: 32,7 g	Proteínas: 14,1 g

Keftas de pollo y pavo

Hace poco que fui a Marruecos de viaje y había un puesto con comida que se olía desde la otra punta de la calle. Su especialidad eran los pinchos de kefta y les pregunté qué significaba y me dijeron que «mano», por el modo de hacerlos. Es una carne picada, especiada y pegada a un palo que hacen al fuego y que queda superjugosa por dentro y, por fuera, bien tostadita. Una auténtica delicia que se suele acompañar con salsa de yogur y pepino.

 6 unidades

 20 min

Ingredientes para las keftas

100 g de pechuga de pollo

300 g de pechuga de pavo

1 cebolleta tierna

1 puñadito de hojas de cilantro

un pizca de comino en polvo

½ huevo

sal

pimienta

Ingredientes para la salsa de yogur y pepino

125 g de yogur natural 0 % de grasa y azúcares

50 g de pepino

½ diente de ajo

sal

pimienta

Elaboración

1. Mezcla todos los ingredientes de las keftas bien picados hasta obtener una masa homogénea y, con las manos húmedas para que no se te pegue, coge una porción, dale forma de croqueta grande y aplástala alrededor de un palo de madera. Repite la operación hasta acabar con la masa.

2. En la freidora de aire, cocina las keftas durante 6 minutos por cada lado a 180 °C. También puedes hacerlos a la plancha, a la barbacoa o al horno, si lo prefieres.

3. Para preparar la salsa, en una batidora, tritura todos los ingredientes.

4. Puedes servirlas con arroz.

MACROS POR KEFTA			
Valor energético: 78 kcal	Grasas: 1,6 g	Carbohidratos: 2,41 g	Proteínas: 13,1 g

MACROS POR SALSA DE YOGUR			
Valor energético: 54 kcal	Grasas: 0,19 g	Carbohidratos: 7,34 g	Proteínas: 5,83 g

Pan casero, de ese quiero

Barra de paneasy

Le he llamado así porque, bueno, ¡me encanta el espanglish! Y es un pan muy fácil y rápido de hacer. ¡Pues paneasy! Se prepara en 15 minutos, no necesitas apenas amasar y no tiene que reposar.

✂ 1 barra (o 2 panes más pequeños, si lo prefieres)

⏱ 20 min

Ingredientes

120 g de harina mix sin gluten

4 g de psyllium

4 g de polvos de hornear

4 g de cebolla en polvo

1 g de sal

120 g de agua natural

Elaboración

1. En un bol grandecito, mezcla todos los ingredientes, excepto el agua. Remueve muy bien.

2. Ahora añade el agua y, con una espátula, ve mezclándolo todo; termina de amasar con las manos y dale la forma que quieras.

3. Introduce en la freidora de aire a 180 °C durante 10 minutos. Dale la vuelta y cuécelo 5 minutos más.

Consejos

También puedes cocerlo al horno: precaliéntalo a 180 °C y hornea durante 18-20 minutos o hasta que lo veas hecho.

MACROS POR 1 BARRA GRANDE O 2 PEQUEÑAS			
Valor energético: 427 kcal	Grasas: 1 g	Carbohidratos: 97 g	Proteínas: 3,3 g

Rollito low carb

Una merienda rápida e ideal, aunque también puedes tomártelo para desayunar. En realidad, es perfecto para comer a cualquier hora y lo puedes rellenar de lo que quieras.

 1 unidad

⏱ 8 min

Ingredientes

15 g de harina de trigo
   sarraceno
30 g de queso rallado
3 g de cebolla en polvo
120 g de claras de huevos
   o 2 huevos
1 g de bicarbonato
un chorrito de zumo de limón
semillas de amapola o pipas
   (opcional)
pimienta al gusto

Elaboración

1. Bate todos los ingredientes. No pasa nada si quedan trozos de queso.
2. Vierte la masa en una sartén antiadherente a fuego medio. Puedes añadir unas semillas de amapolas o pipas por encima para decorar.
3. Cuando esté casi hecha, dale la vuelta y mantén en el fuego 1 minutito más.
4. En cuanto la saques de la sartén, enróllala para que coja forma y espera a que se enfríe, o bien puedes ponerle por encima los ingredientes que quieras antes de enrollarla y comerte luego tu rollito.

Consejos

Si no tienes harina de trigo sarraceno, la que tengas en casa vale.

Puedes sustituir la cebolla en polvo por ajo en polvo.

MACROS POR LA MASA			
Valor energético: 164 kcal	Grasas: 1,5 g	Carbohidratos: 11 g	Proteínas: 26 g

Pan de ajo y queso

No sé si puedes llegar a apreciar la miga y la textura que tiene este pan en la foto o si el olor traspasa el libro… ¿Te ha llegado? ¡A que sí! ¿Quién se puede resistir a un buen pan de ajo, y más si es con queso? ¿Y si te digo que lo tienes listo en 10 minutos?

 4 raciones

🕐 15 min

Ingredientes

2 dientes de ajo

1 huevo

60 g de claras de huevo
   (o 1 huevo más)

100 g de queso rallado bajo
   en grasa

una pizca de sal

40 g de harina de pan mix
   sin gluten

3 g de polvos de hornear

5 g de aceite de oliva

perejil

Elaboración

1. En un bol, pica muy bien el ajo y mézclalo con el huevo, las claras, el queso rallado y la sal.
2. En otro recipiente, mezcla la harina con los polvos y agrega la mezcla anterior.
3. Vierte la masa en un molde de silicona o, directamente, como hice yo, en la freidora de aire con papel de hornear para que no se pegue.
4. Cocina a 200 °C durante 10 minutos, dale la vuelta y cocina 3 minutos más.
5. Retira y, con una brocha, esparce el aceite por encima, ponle un toque de perejil ¡y listo para disfrutar!
6. Puedes guardarlo en la nevera y calentarlo cada vez que quieras tomarlo.

Consejos

Para picar el ajo, yo he usado la prensadora de ajo manual de toda la vida.

Si no tienes freidora de aire, puedes hornearlo a 180 °C unos 13 minutos o hacerlo en una sartén antiadherente.

MACROS POR PAN ENTERO	
Valor energético: 464 kcal	Grasas: 12,9 g
Carbohidratos: 35,8 g	Proteínas: 51,3 g

Pan de rosca

Esta receta es para sorprender como entrante o acompañamiento de una comida. Ponlo en el centro de la mesa y ten cuidado. Sé rápida y coge un trozo, porque, si no, cuando te quieras dar cuenta, ¡te habrás quedado sin!

✂ 8 raciones

⏱ 40 min

Ingredientes

300 g de patata

100 g de harina mix sin gluten

4 g de levadura de repostería blanca

1 g de goma xantana

1 huevo M (50 g aprox.)

5 g de semillas de sésamo

Elaboración

1. Precalienta el horno 200 °C calor arriba y abajo con ventilador.
2. Cuece las patatas y quítales la piel. Reserva.
3. En un bol, mezcla la harina con la levadura y la goma xantana.
4. Aplasta la patata y agrégale el huevo.
5. Integra todos los ingredientes hasta formar una masa.
6. Humedécete las manos con agua y, en una bandeja de horno forrada con papel vegetal, coloca la masa en forma de círculo y esparce unas semillitas de sésamo por encima.
7. Hornea 25 minutos a 200 °C y, por último, 5 minutos más a 180 °C.
8. Espera a que se enfríe, rellénalo al gusto y dale un toque de sartén u horno para comerlo calentito.

MACROS POR LA MASA			
Valor energético: 661 kcal	Grasas: 8 g	Carbohidratos: 130,1 g	Proteínas: 14,4 g

Bollitos de pan rosa

A mí me parece un bocadillo muy divertido para una mesa de cumple, por ejemplo. ¡Todos los invitados te van a preguntar por la receta de este pan tan cuqui!

✂ 10 unidades

⏱ 15 min

Ingredientes

235 g de remolacha cocida

100 g de leche en polvo

200 g de harina mix sin gluten

12 g de polvos de hornear

1 huevo

1 g de sal

semillas para decorar

Elaboración

1. Precalienta el horno a 180 °C con calor arriba y abajo y con ventilador.
2. En un bol, bate la remolacha cocida con una batidora; es importante que esté fría.
3. En otro bol, mezcla muy bien la leche en polvo, la harina y los polvos de hornear. Agrega, a continuación, el puré de remolacha, el huevo y la sal.
4. Sobre una bandeja de horno forrada con papel vegetal, forma montañitas no muy grandes con la masa (a mí me han salido diez).
5. Hornea unos 5 minutos vigilando (dependerá de cada horno) porque, si te pasas de tiempo, te quedarán secos.
6. Deja enfriar un poco, ábrelos, rellénalos al gusto ¡y a disfrutar, amores!

Consejos

Para conservarlos, mét-elos en una bolsa cerrada y a la nevera.

MACROS POR PAN			
Valor energético: 120 kcal	Grasas: 0,8 g	Carbohidratos: 23,1 g	Proteínas: 4,7 g

Pan de yogur

¿Estás viendo este pan? ¡Es tooodo miga y superesponjoso! Al ser de yogur, no es nada seco. Si lo prefieres, lo puedes tostar o incluso, una vez relleno, meterlo en la sandwichera o darle un toque de sartén ¡y queda BRUTAL!

 1 unidad

 7 min

Ingredientes

60 g de yogur natural
   o de queso fresco
   0 % de grasas
5 g de polvos de hornear
60 g de claras de huevo
   (o 1 huevo)
50 g de harina de avena
   sin gluten
5 g de cebolla en polvo

Elaboración

1. En un bol, con unas varillas, mezcla todos los ingredientes.
2. En un molde engrasado con un poquito de aceite, vierte la masa e introdúcela en el microondas 3 minutos a 900 W.
3. Pasado este tiempo, desmolda, dale la vuelta, métela de nuevo en el recipiente y cuécelo 30 segundos más en el microondas si ves que lo necesita.
4. Desmolda sobre un papel de cocina o una servilleta de papel, y espera a que se enfríe a temperatura ambiente.
5. Rellena al gusto y... ¿a qué esperas para hincarle el diente?

Consejos

Te recomiendo usar la cebolla en polvo para que le dé ese sabor a pan, pero, si no tienes, puedes utilizar las especias que más te gusten.

MACROS POR PAN ENTERO			
Valor energético: 247 kcal	Grasas: 3,2 g	Carbohidratos: 37 g	Proteínas: 15 g

Saladitos

Dime que también llamas así a estas bandejitas de panecillos rellenos que ponen en las fiestas. Normalmente, son como unas empanadas pequeñitas rellenas de atún, jamón y queso o untable de chorizo. El ingrediente secreto seguro que te sorprende: ¡COLIFLOR!

 25 unidades

🕐 40 min

Ingredientes

2 huevos

150 g de coliflor cocida

210 g de harina mix de pan
    sin gluten

10 g de cebolla en polvo

2 g de cúrcuma

1 g de sal

un toque de pimienta

5 g de polvos de hornear

un poco de agua

Elaboración

1. Separa las claras de las yemas.
2. En un bol, mezcla muy bien todos los ingredientes, excepto las yemas, hasta conseguir una masa. Si lo ves necesario, agrega más harina o un poco de agua.
3. Una vez que tengas la masa, sigue el paso a paso de las fotos: con el rodillo aplana porción a porción con papel vegetal arriba y abajo, pon un pegotito del relleno que hayas elegido, cierra y retira los bordes.
4. Por último, con la ayuda de una brocha, píntalos con la yema.
5. Hornea unos 12-15 minutos a 180 °C con calor arriba y abajo y con ventilador. Ten cuidado de que no se quemen, que cada horno es diferente. Sácalos cuando los veas doraditos.

Consejos

Posibles rellenos: a unos les puse jamón y queso; a otros, la mezcla de una lata de atún natural con 20 g de queso crema tipo Philadelphia®, y otros los unté con un paté de chorizo vegano que tenéis en la pág. 183.

MACROS POR TODA LA MASA			
Valor energético: 955 kcal	Grasas: 12,6 g	Carbohidratos: 185,1 g	Proteínas: 22 g

Bagels

¡Me encantan estos panecitos blanditos en forma de dónut! Estoy segura de que cuando los pruebes, te pasará lo mismo. Los puedes rellenar de lo que quieras, dulce o salado. Yo les puse queso crema, salmón ahumado, pepinillo y tomate cherry… ¡BRUTALES!

 5 unidades

 8 min

Ingredientes

100 g de agua

1 huevo

30 g de queso rallado

70 g de harina de pan sin gluten

5 g de polvos de hornear

10 g de aceite de oliva

1 g de sal

3 g de cebolla en polvo (opcional)

15 g de leche en polvo o proteína neutra sin sabor

semillas de amapola

Elaboración

1. Mezcla con un tenedor o con unas varillas todos los ingredientes hasta que no queden grumos.
2. Vierte la masa en los moldes de dónuts. Llénalos un poco más de la mitad y, si quieres, añade unas semillas de amapola.
3. Introdúcelos de uno en uno en el microondas durante 50 segundos a máxima potencia.
4. Una vez hechos, ábrelos y tuéstalos, o cómetelos tal cual. También puedes partirlos por la mitad y rellenarlos a tu gusto.

Consejos

Si no tienes moldes de dónuts, puedes coger una taza y luego hacerles el agujero con un molde de galletas, por ejemplo.

MACROS POR RECETA ENTERA			
Valor energético: 515 kcal	Grasas: 16,6 g	Carbohidratos: 66,3 g	Proteínas: 23,8 g

Pan chapati

Después de muchos intentos, ¡he conseguido hacer la mejor versión de pan chapati! Es una receta muy sencilla, pero es muy importante que la sigas paso a paso y que uses los mismos ingredientes.

✂ 16 unidades

⏱ 35 min

Ingredientes

250 g de harina sin gluten

2 g de goma xantana

3 g de sal

25 g de aceite de oliva

110 g de agua

Elaboración

1. Mezcla la harina con la goma xantana y la sal.
2. Agrega el aceite, el agua y amasa unos minutos. Si lo ves necesario, añade un poco más de agua.
3. Divide la masa en porciones iguales y, con la ayuda de un rodillo, aplástalas y dales forma redondita.
4. En una sartén a fuego medio alto, cocínalas con un pelín de aceite de oliva para que no se peguen.
5. Ve poniéndolas en una bolsa de plástico cuando ya se hayan enfriado un poco; esto hará que se queden flexibles.
6. ¡Ya puedes saborear este pan con lo que quieras y con quien quieras!

MACROS POR RECETA ENTERA			
Valor energético: 1.121 kcal	Grasas: 25 g	Carbohidratos: 200 g	Proteínas: 8 g

Pan de garbanzo y amapola

¿Quién diría que esta delicia de pan de molde con esta textura tan esponjosa es de garbanzos? ¡Pues sí! Y también puedes tostarlo: queda riquísimo.

 1 unidad

 40 min

Ingredientes

2 huevos

60 g de claras de huevo

120 g de agua

140 g de harina de garbanzos

15 g de polvos de hornear

1 g de sal

15 g de semillas de amapola

Elaboración

1. Precalienta el horno a 180 °C con calor arriba y abajo.

2. Mezcla bien todos los ingredientes hasta que no queden grumos. Si quieres, puedes usar una batidora, para que todo quede mejor integrado.

3. Engrasa el molde o forra el interior con papel vegetal y hornea 30 minutos.

4. Deja enfriar para que termine de hacerse, ¡y listo!

MACROS POR RECETA ENTERA			
Valor energético: 745 kcal	Grasas: 26 g	Carbohidratos: 63,6 g	Proteínas: 49 g

Pañuelos sin sémola

Siempre que voy a casa de mi suegra y sirve este pan —msman, lo llama ella— me muero de ganas de comerlo, pero lleva sémola de trigo y por mi celiaquía no puedo. Muchas me habéis pedido que intentara hacer una versión sin gluten, ¡y este ha sido el resultado! Relleno de miel y queso fresco, ¡es una maravilla total!

 6 unidades

 15 min

Ingredientes

80 g de avena en hojuelas
80 g de yogur griego natural
200 g de agua

Elaboración

1. Mezcla muy bien los tres ingredientes.
2. En una sartén antiadherente engrasada con un poquito de aceite de oliva a fuego medio, pon una bolita de la mezcla y, como es pegajosa, puedes darle forma cuadrada con la espátula.
3. Tapa la sartén y deja que se cocine bien por un lado para que puedas darle la vuelta con facilidad. Cocina unos segundos más por el otro lado.
4. Repite el proceso hasta terminar con la masa.
5. Prepara un té calentito y, disfruta de lo lindo, ¡amor!

Consejos

Si ves que la mezcla se espesa demasiado, agrega un poco más de agua y remueve.

MACROS POR PAÑUELO			
Valor energético: 63,5 kcal	Grasas: 2,2 g	Carbohidratos: 8,2 g	Proteínas: 1,9 g

Medias lunas

No sé si también las llamas así, pero son unos panecillos superblanditos y ligeros que mi madre siempre compraba para preparar los bocadillos de las fiestas de cumpleaños. ¡He conseguido hacerlas sin gluten, sin harinas y sin necesidad de amasar!

 8 unidades

 20 min

Ingredientes

200 g de leche desnatada
    en polvo
100 g de leche desnatada
    o la que uses
190 g de claras de huevo
5 g de esencia de vainilla
2 gotas de endulzante (opcional,
    si te gusta dulce)
8 g de polvos de hornear

Elaboración

1. Precalienta el horno a 180 °C.
2. Mezcla todos los ingredientes.
3. Coloca la masa resultante en una manga pastelera o en una bolsa a la que luego le cortarás una esquina y, en una bandeja de hornear forrada con papel vegetal previamente engrasado, pon ocho porciones de la masa que no queden ni muy finas ni muy pegadas unas a otras.
4. Hornea 12-15 minutos y deja enfriar.
5. Abre los panecillos y rellénalos a tu gusto.

Consejos

Si las dejas de un día para otro, ábrelas y dales un toque de sartén.

MACROS POR PANECILLO			
Valor energético: 107,3 kcal	Grasas: 0,3 g	Carbohidratos: 14,6 g	Proteínas: 11,1 g

Focaccia al horno

Esta receta la hice con patatas crudas peladas que me habían sobrado. A mí no me gusta tirar nada en casa, y ese día venía mi familia a comer, y no tenía pan preparado, le di a la imaginación y, ¡TACHÁN!, salió esta maravilla. La pusimos en el centro de la mesa y la corté en triangulitos. Fue un acompañamiento perfecto para la comida de ese día.

✖ 9 porciones

⏲ 30 min

Ingredientes

190 g de patatas crudas peladas

2 dientes de ajo

2 huevos

125 g de yogur natural
o queso fresco 0 % de grasas

60 g de harina de avena

60 g de harina de arroz

4 g de psyllium

1 cucharadita de hierbas
provenzales

10 g de polvos de hornear
(levadura blanca)

topping al gusto: tomate cherry,
cebolla, calabacín, queso,
comino en grano…

Elaboración

1. Precalienta el horno a 180 °C.
2. Con la batidora de vaso, para que no queden grumos, tritura las patatas junto con los ajos, los huevos y el yogur.
3. En un bol, mezcla a mano las harinas, el psyllium, las hierbas y los polvos de hornear.
4. Junta las dos mezclas y vierte en un molde previamente engrasado.
5. Agrega el topping.
6. Hornea unos 20 minutos y pincha en el centro con un palito para ver si ya está hecha.
7. Deja enfriar antes de desmoldar.

MACROS POR PORCIÓN			
Valor energético: 85,4 kcal	Grasas: 1,6 g	Carbohidratos: 13,7 g	Proteínas: 3,6 g

Pan para hamburguesa

¿Por qué no puede ser saludable comerse una hamburguesa? A nosotros nos encantan y las hacemos mucho en casa, y este pan es nuestro favorito para ello. No necesita horno y se hace en apenas 1 minuto en el microondas.

 2 unidades

 5 min

Ingredientes

2 huevos

12 g de yogur natural

25 g de harina de avena

2 g de polvos de hornear

2 g de cebolla en polvo

Elaboración

1. Mezcla todos los ingredientes.
2. Pon la mitad de la mezcla en una taza redondita con un poco de aceite de oliva para que no se pegue e introduce en el microondas durante 1 minuto y, si lo ves necesario, 15 segundos más.
3. Haz lo mismo con la otra mitad ¡y ya tienes tus panes!
4. Pártelos y rellénalos con carne de ternera, de pollo o con lo que quieras: queso, canónigos, cebolla...

MACROS POR PAN			
Valor energético: 120 kcal	Grasas: 5,7 g	Carbohidratos: 7,8 g	Proteínas: 7,8 g

Pan de molde de lentejas sin harinas

Una de mis mejores amigas, Tati (¡cuando lo lea, se va a reír!), tiene el hierro bajo y el médico le ha dicho que tiene que comer lentejas. Un día quedamos para desayunar y le preparé este pan que nos comimos con jamón serrano ¡y estaba asombrosamente rico!

✂ 1 unidad
(unas 10 rebanadas)

⏱ 50 min

Ingredientes

300 g de lentejas

200 g de claras de huevo

10 g de cebolla en polvo

2 g de sal

3 g de polvos de hornear
(levadura blanca)

20 g de lino molido

un toque de semillas de sésamo

Elaboración

1. Cuece, enjuaga, escurre y seca las lentejas.
2. Mezcla todos los ingredientes y vierte la masa en un molde forrado con papel vegetal previamente engrasado con un poco de aceite para que no se pegue.
3. Hornea entre 40 minutos y 1 hora a 180 °C. Vigila y ve pinchando con un palillo en el centro hasta que salga seco. Deja enfriar.

Consejos

Puedes cortarlo, tostar en una sartén y disfrutarlo con lo que quieras y con quien quieras.

MACROS POR RECETA ENTERA			
Valor energético: 528 kcal	Grasas: 10,1 g	Carbohidratos: 45,4 g	Proteínas: 52,2 g

Bollitos de pan cateto sin gluten

Te van a recordar al pan de pueblo con miga compacta, pero a la vez esponjosa. Tienen un sabor intenso ideal para echarle un buen chorrito de aceite de oliva y disfrutarlos así, sin más. Este pan no tiene apenas ingredientes, es muy fácil de preparar y puedes hacerlo en bollitos o en forma de barra. No tienes que hacer masa madre y aguanta muchísimo sin quedarse seco.

 5 unidades

 125 min

Ingredientes

310 g de harina de pan mix
    sin gluten
6 g de levadura seca
4 g de psyllium
2 g de sal
250 g de agua tibia

Elaboración

1. En un bol, mezcla todos los ingredientes secos. Es muy importante usar el psyllium, ya que es el que le da esa consistencia de pan a la miga.
2. Con una cuchara, ve agregando el agua tibia y mezcla con las manos hasta conseguir una masa.
3. Amasa unos 6 minutos en el mismo bol, tapa con un trapo y deja reposar 1 hora y media. Verás que no duplica el tamaño, pero sí aumenta lo necesario.
4. Transcurrido este tiempo, vuelve a amasar un poco, haz las bolitas y, opcionalmente, hazles un cortecito no muy profundo.
5. Con el horno precalentado a 180 °C con calor arriba y abajo, introdúcelos en la bandeja de hornear unos 35 minutos.
6. Deja enfriar antes de cortar, ya que se termina de hacer con su propio calor.

MACROS POR BOLLITO	
Valor energético: 221,6 kcal	Grasas: 0,63 g
Carbohidratos: 49,6 g	Proteínas: 2,3 g

 Consejos

Una vez que estén templados, métalos en una bolsa y ciérrala. Se pondrán más blanditos.

Pan de pita blando con salsa de yogur y pepino

Este panecillo es ideal para acompañar tus platos. Superblandito y sencillo de preparar en apenas 5 minutos.

✂ 2 unidades

⏱ 15 min

Ingredientes para los panes

60 g de harina de pan sin gluten

4 g de polvos de hornear
   (levadura blanca)

120 g de leche desnatada
   o la que uses

Ingredientes para la salsa

250 g de yogur natural
   0 % de azúcar y grasa

un toque de sal

un toque de pimienta

5 hojas de cilantro fresco
   o menta picada

3 gotas de edulcorante líquido

100 g de pepino

Elaboración

1. Prepara primero la masa del pan. En un recipiente, mezcla la harina con los polvos de hornear y, una vez que estén bien integrados, agrega la leche y vuelve a mezclar.

2. En una sartén antiadherente engrasada con un poco de aceite de oliva para que no se pegue, pon 3-4 cucharadas de masa y, con la misma cuchara, espárcela por toda la superficie. Tapa y, pasado 1 minuto, dale la vuelta. Espera 1 minutito más aproximadamente ¡y listo!

3. Repite el mismo paso para hacer el segundo pan.

4. Para preparar la salsa, mezcla en un bol el yogur con la sal, la pimienta, las hierbas elegidas y el edulcorante. Por último, añade el pepino en rodajas ¡y ya puedes mojar el pan!

MACROS POR LOS PANES			
Valor energético: 255 kcal	Grasas: 0,9 g	Carbohidratos: 54,6 g	Proteínas: 5,5 g

MACROS POR LA SALSA			
Valor energético: 136 kcal	Grasas: 7 g	Carbohidratos: 10,3 g	Proteínas: 8 g

Pan tumaca con pipas

No sé si en tu pueblo sueles untar tomate triturado con ajito al pan, pero en casa nos encanta para desayunar con un buen café calentito.

✂ 6 unidades

⏱ 20 min

Ingredientes para el pan

50 g de harina de avena
    sin gluten

50 g de agua

8 g de cebolla en polvo

2 g de polvos de hornear

10 g de pipas

Ingredientes para el tomate

200 g de tomate natural

una pizca de sal

2 dientes de ajo no muy grandes

5 g de aceite de oliva

sal al gusto

orégano al gusto

Elaboración

1. Mezcla todos los ingredientes para hacer el pan.
2. En una sartén, pon un poco de masa y dale la forma que quieras.
3. Para preparar el tomate, yo no le quito la piel y lo trituro todo en la batidora, pero, si lo prefieres, puedes rallar los ingredientes.

MACROS POR LOS PANES			
Valor energético: 267 kcal	Grasas: 9 g	Carbohidratos: 35,4 g	Proteínas: 8,4 g

MACROS POR EL TOMATE			
Valor energético: 86 kcal	Grasas: 5 g	Carbohidratos: 9,8 g	Proteínas: 2,1 g

Llénate de sabor

Crema pastelera

En realidad, aquí tenéis dos recetas en una, porque si la repartes en vasitos y agregas galleta y un toque de canela, tienes unas natillas estupendísimas.
Yo la uso en muchas de mis recetas. Es muy muy fácil de preparar, con apenas tres ingredientes que siempre tienes en la cocina.

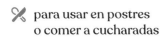 para usar en postres
o comer a cucharadas

20 min

Ingredientes

500 ml de leche

55 g de maicena

2 huevos

1 cucharada de esencia
de vainilla

edulcorante al gusto

Elaboración

1. En una olla, calienta 400 ml de leche sin que llegue a hervir.
2. En un vaso, mezcla la maicena con los 100 ml restantes de leche hasta que se disuelva. Seguidamente, agrégala a la leche caliente y mezcla sin parar.
3. Añade los huevos, la esencia de vainilla y el edulcorante, y sigue removiendo sin parar hasta que espese y no queden grumos.

Consejos

Si te han quedado grumos, puedes batirla un poco con la batidora.

MACROS POR RECETA ENTERA			
Valor energético: 509 kcal	Grasas: 11,5 g	Carbohidratos: 63,9 g	Proteínas: 32,7 g

Crema de Conguitos®

Si eres de las que no se puede resistir al chocolate y te lo comerías a cucharadas, ¡esta receta te va a hacer demasiado FELIZ! Esta crema es perfecta para untar, para rellenar tartas, crepes y bizcochos, y para comerla así mismo, a cucharadas, como unas natillas cremosas.

✂ para usar en recetas
o para untar

⏱ 20 min

Ingredientes

150 g de batata

40 g de cacahuetes desgrasados en polvo

10 g de cacao puro en polvo desgrasado y sin azúcar

sucralosa líquida, o el edulcorante que uses, al gusto (yo he puesto 12 gotas)

80 g de leche (yo he utilizado una desnatada sin lactosa)

Elaboración

1. Cuece la batata con piel hasta que esté blandita; dependerá de su tamaño, pero necesitarás 12-15 minutos. Luego pélala y déjala enfriar en un recipiente.
2. Agrega el resto de los ingredientes y, con una batidora, tritura muy bien hasta que no queden grumos.

Consejos

Si no tienes cacahuetes desgrasados en polvo, prueba con cacahuetes normales.

La crema de Conguitos® es ideal para untar y para dar el toque especial a un sinfín de postres.

MACROS POR RECETA ENTERA			
Valor energético: 340 kcal	Grasas: 7,8 g	Carbohidratos: 39,22 g	Proteínas: 26,13 g

Tomate no frito casero

Si piensas que estar a dieta es olvidarte de los platos con salsas, ¡estás totalmente equivocada! Este tomate puedes comerlo siempre que quieras como acompañamiento. Y otra cosa te digo: si en casa tu familia no es de comer mucha verdura, prepara esta receta: nadie se dará cuenta de qué lleva. ¡Queda deliciosa y con todo el sabor de un tomate frito!

 4 raciones

 30 min

Ingredientes

10 g de aceite de oliva

2 dientes de ajo

1 cebolla

200 g de calabacín

2 tomates medianos

sal al gusto

pimienta, orégano y albahaca seca al gusto

1 lata de tomate natural triturado

Elaboración

1. En una olla, añade el aceite, los ajos partidos por la mitad, la cebolla y el calabacín troceados y rehoga a fuego medio. Controla que no se cocine demasiado la verdura, solo tiene que soltar su propio jugo, como si sudara.

2. Agrega los tomates medianos troceados, la sal, la pimienta, el orégano y albahaca. Sigue rehogando unos 3 minutos más.

3. Cuando esté todo bien pochado, incorpora la lata de tomate triturado, remueve y tapa durante 5 minutos.

4. Por último, bátelo todo bien ¡y ya puedes deleitarte con tu tomate casero!

MACROS POR RECETA ENTERA			
Valor energético: 312 kcal	Grasas: 11,24 g	Carbohidratos: 47,33 g	Proteínas: 8,61 g

Mermelada de arándanos

¡Nunca falta en mi nevera! Me habéis visto tomarla para desayunar muchísimas veces y es una de las recetas que más me habéis pedido.
Cuando la probéis, tampoco faltará en vuestra nevera, os lo aseguro.

 2 tarros

 20 min

Ingredientes

260 g de arándanos congelados
50 g de eritritol
50 g de agua
3 g de agar-agar

Elaboración

1. Disuelve el agar-agar en un vaso de agua.
2. En una olla a fuego medio, añade los arándanos congelados junto con el eritritol.
3. Cuando se derrita el eritritol, agrega el vaso de agua con agar-agar y remueve durante 8 minutos.
4. Bate la preparación a tu gusto –yo dejo algunos grumos porque me encantan– y reserva en un bol.
5. Espera a que se enfríe del todo a temperatura ambiente y, si te ha quedado demasiado dura, vuelve a batirla.

Consejos

Puedes usar cualquier otra fruta, o arándanos frescos, pero los congelados tienen un color mucho más intenso.

Guarda en la nevera; aguanta más de 20 días.

MACROS POR RECETA ENTERA			
Valor energético: 140 kcal	Grasas: 0,02 g	Carbohidratos: 28,62 g	Proteínas: 1,86 g

Salsa Andrada

¡OMG, vas a querer comer esta salsa todos los días! La he llamado Andrada porque la primera vez que la probé fue en casa de una amiga que se llama así, y me quedé tan sorprendida que tenía que compartirla para que tú también puedas disfrutarla. Normalmente, se sirve con carne, pero a mí me encanta con ensaladas y para dipear con palitos de zanahoria.

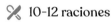 10-12 raciones

10 min

Ingredientes

2 pepinos grandes

2 dientes de ajo no muy
   grandes

5 g aceite de oliva

sal

3 yogures griegos

½ cucharadita de hierbabuena
   seca

1 cucharadita de eneldo fresco

Elaboración

1. Pela el pepino, pártelo a lo largo y retira la barriguita, es decir, las semillas del centro y la parte más jugosa, ya que la salsa tiene que quedar espesa y, si dejas esta parte del pepino, su consistencia será más bien líquida.

2. A continuación, rállalo y escúrrelo apretando un poco con las manos.

3. Ralla también los ajos y, con una cuchara, mézclalos con fuerza con el aceite y la sal hasta que quede como una pasta.

4. Agrega los yogures y el pepino a la pasta y, por último, la hierbabuena y el eneldo fresco.

Consejos

Para mojar, he preparado unas keftas (albóndigas morunas) con carne de ternera esta vez, pero es la misma receta que la de la página 117 de este libro.

MACROS POR RECETA ENTERA			
Valor energético: 623 kcal	Grasas: 45,7 g	Carbohidratos: 38,5 g	Proteínas: 19 g

Alioli rosa

¿Eres de las que adoran mojar las patatas en salsa? ¿Sí? Pues, sin duda, tienes que preparar esta receta. Estará lista en un periquete y te aseguro que a todos en casa les encantará.

✂ 4 raciones

⏱ 6 min

Ingredientes

1 huevo duro y frío

1 quesito de Burgos 0 %
    de azúcar y de grasa
    (50 g aprox.)

50 g de remolacha cocida y fría

1 diente de ajo grande

30 g de queso crema tipo
    Philadelphia® light

3 g de aceite de oliva

sal al gusto

Elaboración

1. Mezcla y tritura todos los ingredientes muy bien hasta conseguir textura de mayonesa.

Consejos

Es importante que el huevo esté frío; si lo metes previamente en la nevera, mejor.

Si no tienes queso de Burgos, puedes usar más queso crema.

La remolacha tiene que ser cocida y también fría; yo la compro ya cocida y sin piel.

En esta ocasión, he preparado unas patatas en la freidora de aire con un pelín de pimentón dulce, cebolla en polvo, sal y pimienta.

MACROS POR RECETA ENTERA			
Valor energético: 207 kcal	Grasas: 12,2 g	Carbohidratos: 7,9 g	Proteínas: 16,6 g

Hummus de batata

Seas o no de hummus, te aseguro que este te encantará. Tiene un sabor único y una textura superligera y untuosa. Nunca falla para ponerlo en el centro de la mesa, a mano de todos. Gusta tanto que incluso mi padre me dice que, como no lo haga, ¡no viene a comer los sábados!

 2 boles

 25 min

Ingredientes para el hummus

350 g de batatas cocidas (2 aprox.)

170 g de garbanzos cocidos de bote

4 g de comino

4 g de ajo en polvo

1 g de nuez moscada en polvo

1 g de canela en polvo

30 g de tahini

5 g de aceite de oliva

40 g de zumo de limón

pimentón dulce

pipas o semillas

Ingredientes para los picos de queso

30 g de copos de avena

30 g de harina de trigo sarraceno

55 g de yogur natural

sal al gusto

pimienta al gusto

ajo en polvo al gusto

40 g de queso rallado

Elaboración

1. Para preparar el hummus, cuece las batatas un día antes para que estén frías.
2. Enjuaga los garbanzos con abundante agua.
3. Pela las batatas y mézclalas con el resto de los ingredientes, excepto el pimentón y las pipas, en una batidora potente hasta que quede una masa suave y sin grumos.
4. A la hora de servir, añade por encima un chorrito de aceite, un poquito de pimentón y las pipas.
5. Acompáñalo con picos de queso. Se preparan mezclando muy bien todos los ingredientes de la lista, formando rulitos y cociendo en horno o freidora de aire a 180 °C 10 minutos o hasta que los veas doraditos.

Consejos

Si lo guardas en un recipiente bien cerrado, aguanta más de 2 semanas en la nevera.

MACROS POR EL HUMMUS			
Valor energético: 717 kcal	Grasas: 29,3 g	Carbohidratos: 89,3 g	Proteínas: 24,8 g

MACROS POR LOS PICOS			
Valor energético: 304 kcal	Grasas: 4,3 g	Carbohidratos: 42,3 g	Proteínas: 24,9 g

Crema dulce de calabaza

¿Y esa textura que le da la calabaza a las cremas? Yo le pongo un ingrediente que le va genial: canela. Sí, sí, ¡canela! Tú prueba y ya me cuentas.

✂ 2 raciones

⏱ 20 min

Ingredientes

420 g de calabaza pelada

120 g de manzana roja
(½ manzana con piel aprox.)

120 g de cebolla
(½ cebolla aprox.)

120 g de batatas sin piel

120 g de zanahoria pelada

600 g de agua

sal

pimienta

un toque de canela

2 quesitos de El Caserío®
cremosos o el queso que
más te guste

Elaboración

1. Trocea todas las verduras y la manzana y hiérvelas unos 20 minutos junto con las especias.
2. Retira el agua de la cocción, añade los quesitos y bate. Ve agregando de nuevo el agua según te guste de espesor.

Consejos

A mí me encanta ponerles siempre un toque de yogur natural por encima a las cremas de verduras.

MACROS POR LAS 2 RACIONES			
Valor energético: 397 kcal	Grasas: 4,48 g	Carbohidratos: 86,4 g	Proteínas: 12,1 g

Crema de espinacas con picatostes

¿Algo mejor para el cuerpo que tomarte una crema y que se te caliente la barriguita? ¿Y si es verano? Pues esta crema se puede tomar también fría, ¡te sorprenderá!

✂ 2 raciones

⏱ 30 min

Ingredientes

1 patata de 150 g aprox.

1 cebolla de 100 g aprox.

1 cucharadita rasa de aceite de oliva

150 g de espinacas frescas

20 g de anacardos crudos naturales

nuez moscada

sal

pimienta

100 g de leche desnatada o la que uses

un toque de yogur natural

Ingredientes para los picatostes

1 rebanada de pan de molde sin gluten

Elaboración

1. Pela la patata y la cebolla y trocéalas muy pequeñitas, en dados.

2. En una olla, saltéalas con una cucharadita de aceite de oliva.

3. Ve agregando, poco a poco, las espinacas, remueve, y añade también los anacardos, la nuez moscada, la sal y la pimienta.

4. Seguidamente, cubre con agua y deja cocer hasta que la patata esté blandita.

5. Retira toda el agua, pero resérvala, e incorpora la leche.

6. Bate todo muy bien. Puedes ir añadiendo un poco del agua de la cocción si quieres una consistencia más líquida.

7. Para preparar los picatostes, corta la rebanada en daditos y cocina en la freidora de aire para que queden supercrujientes.

8. A la hora de servir, decora la crema con el yogur y los picatostes.

MACROS POR LAS 2 RACIONES			
Valor energético: 592 kcal	Grasas: 31,6 g	Carbohidratos: 92,1 g	Proteínas: 16,9 g

Salsa de queso de cabra y pasas

Esta salsita tibia es ideal para aliñar tu ensalada. Le dará un sabor que tienes que probar para entenderme... ¡ÑAM!

 2-3 raciones

⏱ 5 min

Ingredientes

50 g de agua

20 g de pasas

40 g de cebolla

100 g de yogur natural 0 %
    de azúcar y de grasa

30 g de rulo de cabra triturado

Elaboración

1. En un vasito, pon el agua, las pasas y la cebolla picadita muy pequeña, y cocina en el microondas durante 2 minutos. Deja enfriar un poco.

2. Otra opción es hacerla en la sartén: saltea la cebolla, agrega las pasas, sigue salteando y añade el agua, poco a poco, hasta que se absorba y quede todo caramelizado y blandito.

3. Luego mezcla el yogur con el rulo de cabra, incorpora la preparación anterior y, si no te gustan los grumos, tritura.

4. Baña la ensalada ¡y a disfrutar!

MACROS POR RECETA ENTERA			
Valor energético: 213 kcal	Grasas: 9 g	Carbohidratos: 24,7 g	Proteínas: 10,4 g

Salsa de mostaza y miel

He preparado unas brochetas de pollo con pimientos, cebolla y tomate a la barbacoa, ¡y es espectacular el sabor que les da esta salsa!

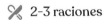 2-3 raciones

🕐 5 min

Ingredientes

125 g de yogur griego

15 g de mostaza

15 g de miel

1 cucharadita de eneldo seco

una pizca de sal

Elaboración

1. Mezcla muy bien todos los ingredientes de la lista y… *magnifique!* Ya puedes salsear la comida.

MACROS POR RECETA ENTERA			
Valor energético: 217 kcal	Grasas: 14 g	Carbohidratos: 18,4 g	Proteínas: 5,5 g

Paté de chorizo vegano

Cuando estuvimos en Cáceres, en casa de mi tito, Atma y Enrique nos ofrecieron chorizo vegano y nos dijeron que el ingrediente principal era calabaza y, obviamente, pimentón agridulce de la Vera. No me pude ir del pueblo sin comprar esta delicia de pimentón y, en cuanto llegué a casa, preparé esta versión untable. Si sois de chorizo, esta receta os va a chiflar.

 1 frasco

 25 min

Ingredientes

220 g de garbanzos cocidos
   de bote

60 g de cebolla dulce cruda

120 g de calabaza

12g de pimentón

10 g aceite de oliva

1g sal

Elaboración

1. Cuece la calabaza y déjala enfriar del todo.
2. Mezcla todos los ingredientes (es importante que la calabaza esté fría del todo) y tritura con la batidora hasta que quede todo muy bien integrado.

MACROS POR EL FRASCO ENTERO			
Valor energético: 349 kcal	Grasas: 15,2 g	Carbohidratos: 35,9 g	Proteínas: 14 g

Nocilla® vegana

¡Qué delicia coger una cucharada de Nocilla así, tal cual, y llevártela a la boca y quedarte un rato dándole vueltas, saboreándola! Pues yo la tengo en la nevera porque, siempre que me apetece algo dulce, la tengo a mano. Esta receta es supersaciante y nutritiva.

✂ 1 frasco

⏱ 20 min

Ingredientes

100 g de avellanas

30 g de cacahuetes
    desgrasados en polvo

20 g de cacao en polvo
    desgrasado

100 g de agua

edulcorante líquido al gusto

Elaboración

1. En una sartén, tuesta las avellanas, ponlas en un vaso batidor y tritúralas hasta obtener una crema homogénea.
2. Agrega el resto de los ingredientes y vuelve a triturar.
3. Si te gusta más líquida, añade más agua y, si te gusta el sabor fuerte del chocolate negro, añade más cacao.

MACROS POR RECETA ENTERA			
Valor energético: 818 kcal	Grasas: 66,9 g	Carbohidratos: 25,6 g	Proteínas: 34,3 g

Mayonesa o ajonesa

¿Eres más de mayonesa o ajonesa? Con esta receta puedes hacer las dos versiones, aunque te suene raro. Si eres de mayonesa, tienes que hacerla porque sabe igualita que la tradicional y su textura es idéntica y sin aceite.

✂ 7 raciones

⏱ 3 min

Ingredientes

2 huevos duros

2 quesitos tipo Burgos 0 %
   de azúcar y grasa
   de 45 g cada uno

1 diente de ajo (opcional)

15 g de queso crema tipo
   Philadelphia®

una pizca de sal

un chorrito de zumo de limón

Elaboración

1. Tritura todos los ingredientes de la lista.

Consejos

Es importante que los huevos estén previamente cocidos y fríos.

Si no tienes queso de Burgos, puedes usar 90 g de yogur natural o más Philadelphia®.

MACROS POR TODA LA MAYONESA			
Valor energético: 267 kcal	Grasas: 11,4 g	Carbohidratos: 11 g	Proteínas: 30,1 g

Vinagreta de aguacate

Dale un toque diferente a tu ensalada con esta salsa cremosa y fresquita. Aguanta más de 4 días en la nevera y cunde muchísimo.

✂ 8 raciones

⏱ 6 min

Ingredientes

120 g de aguacate

5 g de vinagre de manzana

10 g de mostaza

30 g de zumo de limón

10 g de tahini

250 ml de agua

sal

pimienta

Elaboración

1. Mezcla muy bien con una batidora todos los ingredientes y prepara una buena ensalada para disfrutar de este aliño.

Consejos

Mi ensalada es de canónigos, maíz dulce, garbanzos, tomates cherry, zanahoria y pepino. Estos dos últimos los corté con un pelador de patatas y quedan tal como veis en la foto.

MACROS POR RECETA ENTERA			
Valor energético: 276 kcal	Grasas: 23,5 g	Carbohidratos: 15 g	Proteínas: 5,5 g

Philadelphia® casero

Esta receta nunca, pero nunca, puede faltar en mi nevera. Cuando la pruebes, te va a pasar lo mismo. Nunca más volverás a comprar queso cremoso. Tiene la misma textura que el que se comercializa y el sabor es perfecto. Y no tienes que hacer nada, ¡se hace sola en la nevera en 24 horas! Te cuento…

 1 frasco

 5 min

Ingredientes

6 yogures o yogures griegos
naturales 0 % de azúcar
y de grasa (750 g aprox.)
una pizca de sal

Elaboración

1. En un bol, mezcla los yogures y agrega un pellizco de sal.
2. Moja una gasa (o trapo) y escúrrela.
3. En un colador, coloca el trapo húmedo con un bol debajo cuyo fondo no toque el colador.
4. Pon la mezcla en el trapo y cúbrela llevando las esquinas hacia el centro y sujetándolas con una pinza.
5. Deja reposar en la nevera 24 horas hasta que suelte el suero.
6. ¡Y lista! ¡Ya tienes tu delicioso queso crema casero!

MACROS POR RECETA ENTERA			
Valor energético:	Grasas:	Carbohidratos:	Proteínas:
270 kcal	0,6 g	33,6 g	32,4 g

Date un capricho

Coulant de chocolate exprés

Cuando metas la cuchara y salga el chocolate derretido y pruebes esa textura y ese sabor, jamás creerás que lleva aguacate como ingrediente principal. Con estas cantidades, me salieron dos coulants. Cuando los hice, justo llegó mi padre a casa y, si me descuido, se come los dos él solito.

 2 unidades

 6 min

Ingredientes

120 g de claras de huevo

55 g de leche desnatada
    o la que uses

50 g de harina de avena
    sin gluten

15 g de cacao puro desgrasado

3 g de polvos de hornear

65 g de aguacate

edulcorante al gusto

20 g de chocolate con leche
    sin azúcar

Elaboración

1. Mezcla todos los ingredientes, menos los 10 g de chocolate, con la batidora hasta que no queden grumos.
2. Pon la mitad de la mezcla en un vaso (ten en cuenta que sube un poquito, así que no lo llenes hasta arriba) y coloca la onza de chocolate dentro.
3. Mételo en el microondas durante 1 minuto a máxima temperatura (800-900 W).
4. Repite el paso 2 y 3 para hacer el segundo coulant.
5. Y ya están listos. ¡Ahora solo queda disfrutarlos, que calentitos están increíbles!

MACROS POR COULANT			
Valor energético: 246 kcal	Grasas: 10,6 g	Carbohidratos: 14,7 g	Proteínas: 24,1 g

Galletas mariaborg

¡Madre mía! No me pude reír más cuando hice estas galletas y llegó Jaly. No me creía, decía que eran compradas. Y yo: «Que no, que no». Y él: «Que sí, que sí». Y venga a comer galletas. La clave para darles forma es el molde de la web de mi amiga Megasilvita que tiene unas cositas maravillosas.

 17 unidades

 20 min

Ingredientes

30 g de mantequilla natural
    a temperatura ambiente
40 g de harina de arroz integral
60 g de harina de avena
    sin gluten
1 huevo
edulcorante al gusto
    (yo he usado 2 g de sucralosa
    morena)
saborizante de galleta o esencia
    de vainilla

Elaboración

1. Haz una masa con todos los ingredientes y, con la ayuda de un rodillo, estíralas. Después ve haciendo las galletas con el molde.
2. En una bandeja con papel de hornear, coloca las galletas y hornea 9 minutos a 180 °C.

Consejos

En casa nunca nos faltan en nuestro tarrito de galletas.

MACROS POR GALLETA			
Valor energético: 37,5 kcal	Grasas: 1,9 g	Carbohidratos: 3,8 g	Proteínas: 0,9 g

Bizcochito de café

En una palabra: impresionante. En serio, cuando mezcles los ingredientes y viertas un poco en una taza, ¡no vas a creer que tan poquita cantidad se pueda transformar en menos de 2 minutos en el bizcochito más gordito y esponjosito (amo los diminutivos) del mundooo! Esta tiene que ser una de las primeras recetas que hagas de este libro y estoy segura de que la harás mil veces. Por cierto, es en honor a la serie de Netflix que más me ha enganchado en la vida: Café con aroma de mujer.

 1 unidad

 5 min

Ingredientes

50 g de claras de huevo

20 g de queso fresco 0 % de azúcar y de grasa (o yogur natural 0 % de azúcar y de grasa)

10 gotas de saborizante de caramelo 0 % de azúcar (o edulcorante)

20 g de harina de avena sin gluten

2 g de canela

2 g de cacao en polvo desgrasado

2 g de polvos de hornear

Elaboración

1. En un bol, mezcla con unas varillas las claras con el queso fresco o con yogur natural (tú eliges) y el saborizante o edulcorante que uses.

2. En otro bol, mezcla el resto de los ingredientes.

3. Integra todo en un mismo bol y viértelo en una taza (no la llenes hasta el borde porque la masa va a crecer) engrasada con un poquito de aceite de coco o el que uses.

4. Al micro durante 1:30 minutos a 900 W y desmolda.

MACROS POR BIZCOCHITO			
Valor energético: 110 kcal	Grasas: 1,4 g	Carbohidratos: 13,2 g	Proteínas: 9,7 g

Profiteroles

¡Soy tan feliz por haber conseguido hacer esta receta! Todavía no me creo que lo haya conseguido y menos aún con los ingredientes que he utilizado.

 12 unidades

🕐 30 min

Ingredientes

104 g de harina mix sin gluten

6 g de polvos de hornear

230 g de queso fresco 0 %
    de azúcar y de grasa

6 g de esencia de vainilla

34 g de clara de huevo

Ingredientes para el relleno y la cobertura

50 g de mascarpone

35 g de chocolate blanco
    sin azúcar

35 g de chocolate negro
    sin azúcar

5 g de aceite de coco

un chorrito de zumo de limón

Elaboración

1. En un bol mezcla la harina y los polvos de hornear.
2. Agrega el queso fresco, la esencia de vainilla y la clara de huevo. Mezcla todo muy bien y ponlo en una manga pastelera o, como yo, en una bolsa de plástico y corta una esquinita.
3. Precalienta el horno 190 °C.
4. En una bandeja de horno con papel vegetal —siempre un poquito engrasado— haz montañitas con la masa procurando que no estén muy pegadas unas a otras, que luego crecen.
5. Salen unos doce montoncitos. Ponlos en el horno durante 10 minutos, a 190 °C con calor arriba y abajo y con ventilador.
6. Pasado este tiempo, baja a 150 °C y sigue horneando 5 minutos más.
7. Saca los profiteroles despacito y déjalos sobre una rejilla.
8. Mientras se enfrían completamente, prepara el relleno. Mezcla muy bien 3 cucharadas de mascarpone (50 g aprox.) y 35 g de chocolate blanco sin azúcar fundido. Abre por la parte de abajo los profiteroles, rellena y cierra de nuevo.
9. Por último, derrite 35 g de chocolate negro sin azúcar con 3 g de aceite de coco y moja la puntita de los profiteroles.

MACROS POR UNIDAD	
Valor energético: 89 kcal	Grasas: 3,5 g
Carbohidratos: 11 g	Proteínas: 2,6 g

Consejos

Puedes usar yogur natural si no tienes queso fresco.

Puedes llevarlos al congelador si no te los vas a comer todos y sacarlos 5 minutos antes de servirlos. Pero aguantan perfectamente una semana en la nevera.

Panna cotta de limón

Hoy he estado en la casa que mi amiga tiene en el campo y me ha dado limones recién cogidos de su limonero. Ni te puedes imaginar el olor tan delicioso que tienen, y no he podido evitar preparar un postre fresquito con ellos.

🍴 6 unidades

⏱ 20 min

Ingredientes

240 g de claras de huevo

2 yogures

la piel de un limón

10 g de maicena

Elaboración

1. Bate todos los ingredientes y vierte en los moldes de los flanes.
2. En una bandeja pon agua, que cubra unos dos dedos los moldes y hornea al baño maría unos 15 o 20 minutos.

Consejos

Si no usas claras de huevo, puedes emplear 4 huevos.

El yogur que utilicé era blanco natural 0 % sin azúcar y materia grasa, pero valdría cualquier yogur.

Cuidado con la piel del limón. Pon solo la parte amarilla, nunca la blanca porque amarga.

Vale tanto la maicena como la harina de maíz.

MACROS POR RECETA ENTERA			
Valor energético: 256 kcal	Grasas: 0,5 g	Carbohidratos: 24,8 g	Proteínas: 37,6 g

Bombones Raffaello®

¿Quién quiere viajar a otro planeta? Pues cuando pongas en tu boca esta delicia y tu paladar la saboree…, ¡vas a viajar al planeta de la gloria bendita! Madre mía, amor, estos bombones son de los que caen uno detrás de otro sin darte cuenta siquiera.

 12 unidades

 10 min

Ingredientes

50 g de chocolate blanco
  sin azúcar

6 g de aceite de coco

30 g de proteína de chocolate
  blanco o leche en polvo

30 g de coco rallado

60 g de agua tibia

Ingredientes para
  la cobertura (opcional)

50 g de chocolate blanco
  sin azúcar

5 g de aceite de coco

Elaboración

1. Derrite el chocolate blanco con el aceite de coco.
2. En otro recipiente, mezcla la proteína de chocolate con el coco rallado y el agua.
3. Agrega el chocolate blanco ya derretido, mezcla muy bien y vierte en los moldes.
4. Congela 24 horas y baña en la cobertura de chocolate blanco fundido con aceite de coco.
5. Vuelve a congelar y, cada vez que quieras uno, cómetelo del congelador (se mantienen perfectos y por mucho más tiempo).

MACROS POR BOMBÓN			
Valor energético: 73 kcal	Grasas: 5,1 g	Carbohidratos: 5 g	Proteínas: 2,7 g

Alfajores Príncipe®

Me encanta el nombre. Mi idea era preparar alfajores de almendra rellenos de chocolate y cubrirlos con más chocolate. Pero quedaron tan bonitos y sabrosos que no los cubrí de chocolate y los dejé así. Y lo de «príncipe» es porque el relleno me quedó igual que el de las galletas Príncipe® de toda la vida. ¿Manos a la masa?

✂ 9 unidades

⏱ 20 min

Ingredientes

80 g de almendra molida

40 g de crema de cacahuetes
   o almendras

10 g de agua

15 g de claras de huevo

vainilla o aroma de almendra

Ingredientes para el relleno

50 g de agave

20 g de cacao puro desgrasado

Elaboración

1. Mezcla todos los ingredientes hasta obtener una masa, estira sobre un papel vegetal con ayuda de un rodillo y ve haciendo las galletitas con el molde.

2. Yo los cociné en la freidora de aire durante 7 minutos a 170 °C, pero también puedes hacerlos en el horno a 180 °C unos 8-10 minutos.

3. Espera a que se enfríen para untar una galleta con crema de agave y cacao y luego cubrirla con otra galleta.

4. Conserva en la nevera y disfruta de ellos cuando quieras.

MACROS POR ALFAJOR	
Valor energético: 106,2 kcal	Grasas: 6,9 g
Carbohidratos: 5,4 g	Proteínas: 4,4 g

Galletas cinnamon rolls

Amor, si eres como yo y te apetece un dulcecito de vez en cuando, estas galletas de cinnamon roll son ideales. Las puedes comer frías o calentarlas justo antes de comerlas, y quedan espectaculares.

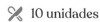 10 unidades

 15 min

Ingredientes para la masa

100 g de harina de avena
    sin gluten
4 g de polvos de hornear
100 g de plátano

Ingredientes para el relleno

10 g de mantequilla en crema
10 g de eritritol
25 g de mermelada
    de melocotón 0 % de azúcar
    o la que uses
canela

Elaboración

1. Para hacer la masa, mezcla muy bien la harina con los polvos de hornear, agrega el plátano machacado y forma una masa. Estírala con el rodillo, pero que no quede muy muy fina.
2. Mezcla todos los ingredientes del relleno y viértelos por encima de la masa, haz un rulito y corta en porciones iguales.
3. Introduce en el horno o freidora de aire unos 7-10 minutos a 190 °C.

Consejos

Opcionalmente, cuando estén listas, puedes poner un poquito de crema de leche hecha con 20 g de leche en polvo, un chorrito de agua y eritritol al gusto.

MACROS POR GALLETA			
Valor energético: 52,3 kcal	Grasas: 1,3 g	Carbohidratos: 8,2 g	Proteínas: 1,3 g

Natillas con caramelo

Me recuerdan al sabor del dulce de leche y vainilla, con el caramelo casero por encima que, una vez frío, queda como azúcar y se te deshace en la boca. Seguro que ya te han entrado ganas de meter la cuchara, pero para ello te va a tocar prepararlas, ¿no? Pues vamos al lío, que es muy muy fácil.

 6 raciones

 35 min

Ingredientes

540 g de leche

3 g de bicarbonato

30 g de eritritol

60 g de maicena o harina
   de maíz

saborizante de caramelo
   o esencia de vainilla

4 huevos

Ingredientes para el topping

30 g de eritritol

30 g de agua

¼ de cucharadita de
   bicarbonato

Elaboración

1. En una olla, derrite a fuego alto 40 g de leche con el bicarbonato y el eritritol. Cuando hierva, baja el fuego y remueve hasta que coja color caramelo.

2. Disuelve los 60 g de maicena y el saborizante de caramelo o la esencia de vainilla en 300 g de leche.

3. Mezcla los huevos con los 200 g de leche restante.

4. Junta la mezcla del punto 1 y la del punto 2, remueve sin parar a fuego medio durante unos 2 minutos, agrega la preparación del punto 3 y no pares de remover para que no te salgan grumos hasta que espese.

5. Para hacer el caramelo de topping, en un cuenco de cristal apto para microondas, mezcla el eritritol o sirope de agave con el agua y el bicarbonato. Lleva 1 minuto al microondas, remueve y vuelve a llevar al microondas 1 minuto más.

6. Espera a que solidifique un poco moviendo de vez en cuando y repártelo en las natillas antes de que se endurezca.

MACROS POR LAS 6 RACIONES			
Valor energético: 680 kcal	Grasas: 23,1 g	Carbohidratos: 99,6 g	Proteínas: 46,9 g

Coquitos

Estos coquitos me recuerdan a una pastelería que hay en Nerja a la que iba de pequeña –la pastelería sigue abierta y se llama Ortiz–, en la que mi padre y yo siempre nos parábamos a comprar estos pastelitos. Si te gusta el coco, no puedes no hacer esta receta.

✂ 12 unidades

⏱ 20 min

Ingredientes

100 g de coco rallado

20 g de harina de coco

1 huevo

250 g de claras de huevo

edulcorante líquido al gusto
(yo he usado unas gotas
de saborizante de coco)
(opcional)

Elaboración

1. Precalienta el horno a 180 °C.
2. Mezcla todos los ingredientes.
3. En una bandeja de horno forrada con papel vegetal, pon montañitas y hornea durante 12 minutos.
4. Decora con coco laminado y rallado, o también puedes bañarlos en chocolate.

Consejos

Si no tienes harina de coco, puedes usar harina de avena, pero tendrías que utilizar unos 40 g, ya que la harina de coco espesa mucho más.

MACROS POR COQUITO			
Valor energético: 72,7 kcal	Grasas: 6,1 g	Carbohidratos: 0,8 g	Proteínas: 3,6 g

Turrón blando de almendras

¿A qué huele la Navidad? Pues huele a turrón. Me encanta porque este es muy blandito y se deshace en la boca con un intenso sabor a almendra tostada… En 1 minuto lo tienes hecho.

 1 unidad

 10 min

Ingredientes

100 g de harina de almendras
50 g de agua
50 g de crema de almendras
4 gotas de aroma de almendra
edulcorante en gotas al gusto
10 g de almendras laminadas

Elaboración

1. Mezcla todos los ingredientes, excepto las almendras laminadas.
2. Vierte la preparación en un molde de silicona o en uno apto para microondas.
3. Agrega las almendras laminadas por encima y lleva al microondas durante 1 minuto, no más.
4. Si quieres, también puedes hacerlo al horno durante 2-3 minutos a 180 °C.
5. Deja enfriar, corta en trocitos ¡y a saborearlo!

MACROS POR RECETA ENTERA			
Valor energético: 950 kcal	Grasas: 80,8 g	Carbohidratos: 30 g	Proteínas: 34,2 g

Reese's de Snickers®

Esta receta chocolatosa me la pidió Jaly, y la verdad es que es tan sencilla de preparar que ahora siempre tenemos en la nevera para esos momentos de después de comer en que nos apetece algo dulce. Lo que sí te digo, amor, es que yo las hice supergrandes, pero tú puedes hacerlas algo más finas y te saldrán el doble.

✂ 7 unidades grandes

⏱ 30 min

Ingredientes

120 g de chocolate con leche
   sin azúcar

10 g de aceite de coco

20 g de cacahuetes picados

10 g de cacahuetes enteros
   pelados

80 g de crema de cacahuetes

30 g de sirope de caramelo
   sin azúcar o sirope de agave,
   dátiles o miel

Elaboración

1. Derrite el chocolate junto el aceite de coco (yo lo hago siempre en el micro en intervalos de 20 segundos para que no se queme) y agrega los trocitos de cacahuete picados.

2. En moldes de magdalenas de papel o silicona, como ves en la foto, pon una cucharadita de chocolate fundido y reparte bien por los bordes y el fondo. Introduce en el congelador unos minutos hasta que se ponga duro.

3. Prepara el relleno mezclando la crema de cacahuete con el sirope de caramelo.

4. Rellena los moldes con una cucharadita del relleno y agrega trocitos de cacahuete pelado.

5. Cubre con otra cucharada de chocolate y vuelve a introducir en el congelador durante unos minutos más y, ahora sí, ya puedes desmoldar y disfrutar.

Consejos

Conserva en la nevera y cómetelos cuando quieras.

MACROS POR REESE'S			
Valor energético: 188,1 kcal	Grasas: 14,5 g	Carbohidratos: 9,1 g	Proteínas: 6,2 g

Bocaditos de Navidad

Vamos a preparar la bandeja de Navidad, y los mazapanes y los mantecados no pueden faltar en estas fechas. Hice dos versiones muy rápidas, que estoy segura de que te alegrarán las fiestas.

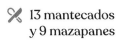 13 mantecados
y 9 mazapanes

 10 min

Ingredientes para los mantecados

40 g de calabaza cocida
   y aplastada
40 g de harina de almendra
ralladura de 1 naranja
2 g de canela
10 g de harina de avena
   sin gluten
edulcorante al gusto
13 almendras

Ingredientes para los mazapanes

40 g harina de almendras
2 yemas
20 g de crema de almendras
   o cacahuetes
edulcorante al gusto
esencia de almendra

Elaboración

1. Para los mantecados, mezcla todos los ingredientes, haz bolitas y aplástalas con una almendra.
2. Para los mazapanes, mezcla todos los ingredientes, pero deja un poquito de yema para pintarlos un pelín por encima.
3. Hornea todo a la vez durante 2-3 minutos, máximo a 200 °C.

MACROS POR LOS MANTECADOS			
Valor energético: 372 kcal	Grasas: 28,4 g	Carbohidratos: 21,6 g	Proteínas: 13,3 g

MACROS POR LOS MAZAPANES			
Valor energético: 405 kcal	Grasas: 27,6 g	Carbohidratos: 6,7 g	Proteínas: 27 g

Vasitos de pastel de queso de Oreo®

¿Te gustan más las galletas Oreo® o las tartas de queso? ¿Y por qué elegir? Vamos a preparar hoy estos vasitos con una versión dúo que combina a la perfección.

✂ 2 vasitos

⏱ 15 min

Ingredientes

20 g de cacao negro

20 g de harina de avena sin gluten

8 gotas de sucralosa líquida

30 g de agua

3 hojas de gelatina

100 g de queso crema tipo Philadelphia®

100 g de leche

20 g de proteína con sabor a chocolate blanco o leche en polvo

Elaboración

1. Haz la galleta mezclando el cacao negro con la harina de avena, el agua y el edulcorante hasta obtener una pasta que pondrás sobre un papel vegetal, aplastándola sin necesidad de dar forma de galleta, ya que luego vas a romperla y meterla en el microondas durante 1 minuto.

2. Pon las láminas de gelatina en remojo con agua para que se hidraten bien durante unos 6 minutos.

3. Una vez retirada el agua, calienta la gelatina 10 segundos en el microondas, procede a agregar el resto de los ingredientes que indico (el queso crema, la leche y la proteína) y tritura todo muy bien.

4. Vierte en dos vasitos, rompe la galleta y mézclala dentro de ellos.

5. Introduce en la nevera durante al menos 6 horas.

MACROS POR 1 VASITO			
Valor energético: 204 kcal	Grasas: 6,3 g	Carbohidratos: 13,3 g	Proteínas: 21,1 g

Minicake de manzana

Es una merienda ideal para aquellos días en los que te apetece un bizcocho, pero no tienes mucho tiempo para prepararlo. Tiene una textura muy jugosa y es muy muy ligero, pero a la vez saciante. Te van a entrar ganas de prepararte uno cuando veas lo que tardas en hacerlo; de hecho, estoy segura de que ya te ha tenido que llegar el olorcillo de manzana asada y canela con solo mirar la foto… Mmm…

 1 unidad

 8 min

Ingredientes

1 huevo

60 g de claras de huevo
   (o 1 huevo más)

100 g de manzana con o sin piel

3 g de levadura en polvo blanca

20 g de harina de almendra,
   almendra natural tostada
   u otra harina que uses

canela al gusto

edulcorante al gusto

Elaboración

1. Trocea la manzana con o sin piel y añádela en un vaso de batidora con el resto de los ingredientes y mezcla bien hasta que quede una masa homogénea.

2. Engrasa un molde con una gotita de aceite y cocina en el microondas a 900 W durante 2:30 minutos. Lo mejor es hacer como yo: poner 1 minuto, mirar, y luego otro y, si es necesario, unos 30 segundos más.

3. Deja enfriar mientras te preparas una buena taza de té.

4. Añade un poquito de canela… ¡y a disfrutar de tu merienda!

MACROS POR TODO EL MINICAKE			
Valor energético: 274 kcal	Grasas: 15,08 g	Carbohidratos: 19,48 g	Proteínas: 17,46 g

Carrot cake mini

¿Que vienen tus amigas a merendar y no tienes nada preparado? Una tarta de zanahoria nunca falla, y esta la tienes lista en 5 minutos. Unas almendritas por encima, un buen té calentito... ¡y listo! Ya lo tienes todo.

 6 porciones

 12 min

Ingredientes para la masa

110 g de claras de huevo
   (o 2 huevos)
40 g de harina de almendras
100 g de zanahorias crudas
   peladas
25 g de eritritol o el edulcorante
   que uses
esencia de vainilla
canela
20 g de almendras tostadas

Ingredientes para la crema

25 g de queso crema tipo
   Philadelphia®
10 g de harina de almendras
edulcorante líquido en gotas

Elaboración

1. Pon todos los ingredientes de la masa en un vaso batidor, excepto las almendras tostadas, y bate todo muy muy bien hasta que no queden grumos.

2. Agrega las almendras y bate unos segundos para que se rompan un poco, pero no del todo (han de quedar trocitos).

3. Vierte la preparación en un molde y métela en el microondas durante 3:30 minutos.

4. Ahora prepara la crema mezclando con un tenedor todos los ingredientes. Ponla por encima de la tarta y, opcionalmente, adorna con más almendras.

MACROS POR PASTEL ENTERO			
Valor energético: 542 kcal	Grasas: 39,4 g	Carbohidratos: 21,3 g	Proteínas: 29,4 g

Miniflanes ligeros de avellanas

Estos flanes son un postre que siempre apetece después de comer, con textura suave, fresquitos y con un toque cremoso de chocolate… Mmm, ¿qué tal suena? Rico, ¿verdad? Pues no necesitas ni horno ni microondas para prepararlos, solo un rápido hervor.

 5 unidades

 20 min

Ingredientes para los flanes

300 g de bebida de avellanas
   sin azúcar
1 g de agar-agar
1 huevo
edulcorante al gusto
aroma de vainilla

Ingredientes para la cobertura

30 g de yogur natural
10 g de chocolate fundido
virutas de chocolate (opcional)

Elaboración

1. Mezcla todos los ingredientes para hacer los flanes en un bol y luego viértelos en una olla. Remueve a fuego medio-alto durante unos 4 minutos.
2. Reparte la mezcla en los moldes y deja enfriar.
3. Cuando se cuajen, desmolda y agrega por encima la mezcla del yogur y el chocolate y, si quieres, unas virutas de chocolate para decorar.

Consejos

Si no tienes bebida de avellana, puedes usar tu leche habitual y triturar cinco avellanas.

MACROS POR RECETA ENTERA			
Valor energético: 240 kcal	Grasas: 16,1 g	Carbohidratos: 11,8 g	Proteínas: 9,6 g

Agradecimientos

Quiero dar las gracias a mis padres, Elena y Jesús (a él lo conocéis más como el glotón que ama todas mis recetas y se las come en un segundo), y a mi tita Corina, que es como mi segunda mami. Y también a mi prima hermana Jenni, claro. Son las personas que siempre han confiado en mí. Hiciera lo que hiciese, siempre han respetado mis decisiones y han aplaudido cada logro. También son quienes me han permitido equivocarme y han estado ahí para apoyarme en todo momento.

A MI MADRE en especial. Ha dado el mil por mil en todo este camino, incluso ha hecho los vídeos de YouTube conmigo, las dos cocinando juntas. De ella he sacado mi pasión por la cocina.

A MI PAREJA, Khalil (aunque todas le llamáis Jaly), por ser la razón de mis sonrisas. Este trabajo no tiene descanso… Es más, quienes me seguís desde hace años sabéis que no hay día en que no sepáis de nosotros, ¿verdad? Es un trabajo que no te permite parar, y es fundamental que la persona que está a tu lado te apoye con toda su energía, amor y alegría. Y eso es lo que es él: pura luz. Gracias por ser tan tú, JALY, por estar detrás –y también delante– de la cámara, y por ayudarme con todas las fotos y vídeos. Definitivamente, esto no habría sido lo mismo sin ti.

A VOSOTR@S, mis seguidor@s de Instagram día a día, porque a través de una pequeña pantalla hemos creado un VÍNCULO SUPERESPECIAL. Gracias por pedirme que hiciera un libro de recetas y animarme a hacerlo, por emocionaros conmigo, reíros conmigo e incluso por ser sincer@s y decirme si algo no os gusta, y por darme los mejores consejos: somos amig@s y así os siento. Gracias a vosotr@s esto ha sido posible y he podido cumplir uno de mis mayores sueños: MI PRIMER LIBRO.

Y gracias A TI TAMBIÉN por comprar mi libro.

Y un GRACIAS final a las personas más importantes. Gracias a mis abuelos, a los cuatro, que me miran con una sonrisa desde donde estén y me dan la fuerza y el coraje que necesito para seguir adelante. Siempre serán eternos. Sé que os habría encantado tener este libro en vuestras manos y, aunque eso no va a ser posible, estáis en cada una de las páginas y en todos los días de mi vida.

Índices

Índice de recetas

Índice de ingredientes